Helga Sander

Die schönsten Ideen GESCHENKE zu verpacken

Mit Vorlagen in Originalgröße

Augustus Verlag

Ganz gleich, ob Sie nur eine kleine Aufmerksamkeit oder ein Präsent zu einem ganz besonderen Anlaß verschenken wollen - hübsch verpackt ruft es gewiß doppelte Freude beim Beschenkten hervor.
Beim Bummeln durch Papeterien entdecken Sie bestimmt eine Fülle von Papieren fast jeder Art, die beinahe alles an Farben, Mustern und Materialien bieten, was man sich nur vorstellen kann. Farblich passende Bänder werden Sie in

ebensolcher Vielfalt vorfinden. In Bastelgeschäften und Geschenkboutiquen werden Sie weiteren interessanten Dekorationselementen wie Tüll, Federn, Blumen, Vögeln oder Masken begegnen. Stimmen Sie die Auswahl solcher Gegenstände stets auf die Persönlichkeit des Beschenkten oder die Eigenart des Geschenks ab. Die unverwechselbare Ausstrahlung eines persönlichen Geschenks können Sie aber auch mit der Verwendung „artfremder", nicht aus dem Dekorationsbereich stammender Materialien erzielen. Mit ein wenig Farbe sind einfachste Gegenstände schnell auf gewertet und sorgen für die persönliche Note und den Charakter des Geschenks. Langweilige Verpackungen gehören der Vergangenheit an. Die Kunst, Geschenke farbenfroh und üppig zu gestalten, findet in letzter Zeit immer mehr Anhänger. Die Formen der in diesem Buch vereinten Verpackungen wurden von den Teilnehmern meiner Kurse immer wieder als verblüffend einfach herzustellen bewertet, und ich bin sicher, daß auch Sie viel Spaß und Erfolg beim Nachmachen haben werden. Lassen Sie sich darüber hinaus ermuntern und anregen, weitere eigene Kreationen zu gestalten,

Ihre

Helga Sander

Inhalt

Material

Nie zuvor wurde im Handel eine so große Vielfalt wunderschöner Geschenkpapiere angeboten. Da fällt es nicht immer leicht, die richtige Auswahl zu treffen. So halte ich meist Ausschau nach außergewöhnlichen Papieren, beispielsweise denen der Firmen Danway und Paintner, die durch ihr raffiniertes Material, ihre Muster und ihre Farbigkeit bestechen.
Um die Papiere und Folien zu dekorieren, benötigen Sie natürlich noch Bänder aus unterschiedlichstem Material. Besonders attraktiv ist hier vielleicht die gelochte Metallfolie, die der Gestaltung eine sehr zarte Note verleiht.
Unerläßlich ist eine gute **Allzweckschere**. Denn gerade festeres Geschenkpapier muß oft auf die richtige Größe zugeschnitten werden. Außerdem benötigen Sie die scharfen Kanten der Schere zum Kräuseln der Bänder.
Für genaues Arbeiten sind **Lineal, Winkeldreieck** und **Bleistift** wertvolle Hilfsmittel.
Voluminöse Schleifen werden meist mit **Blumendraht** zusammengebunden. Diesen feinen Draht können Sie leicht mit der Allzweckschere schneiden.
Einen Abroller mit klarem, **doppelseitigem Klebeband** sollten Sie sich anschaffen, da dieses Material sehr vielseitig verwendbar ist. So werden Verschlüsse exakt und unsichtbar, Schleifen lassen sich schnell zusammenstellen und anbringen, und auch kleinste Teile lassen sich, auf zurechtgeschnittenes Klebeband gebracht, sauber und fleckfrei aufsetzen.
Einen kleineren **Bürohefter** oder einen **Tacker**, mit dem sich verschiedene Dekorationsartikel an relativ widerspenstigen Materialien anbringen lassen, werden Sie ebenfalls hin und wieder verwenden können.
Flüssigkleber ist vielseitig einsetzbar: neben seiner „natürlichen" Verwendung beim Zusammenfügen von Dekorations- und Verpackungselementen eignet er sich auch zum Anlegen von Glitzerzeichnungen. Dabei ziehen Sie mit dem Klebstoff die Konturen vor und streuen losen **Glitter** auf die noch feuchte Zeichnung.
Perfekter geht das natürlich noch mit einem **„Glitterpen"**; hier sind sowohl Tuben als auch Filzstifte erhältlich, mit denen sich funkelnde Motive zeichnen lassen.

Die meisten Werkzeuge, die Sie benötigen, finden sich ohnehin im Haushalt.

Gold und Silber

Silberne Maske

Die Abbildung zur „Silbernen Maske" finden Sie auf Seite 8/9.

Verschwenderische Form, geheimnisvolle Farben und kostbar scheinendes Material machen diese Verpackung so anziehend. Doch werden Sie erstaunt sein, wie einfach diese Pracht anzufertigen ist.
Bevor Sie mit der eigentlichen Verpackung beginnen, müssen Sie die Maske vorbehandeln. Bemalen Sie eine kleine Gipsmaske, die Sie in vielen Geschenkboutiquen bekommen können, mit Silberfarbe, und lassen Sie sie gut trocknen. Dann fertigen Sie aus einem Bogen silberner Glanzfolie die „Sonnenstrahlen" hinter der Maske. Falten Sie einen groben Fächer und schneiden Sie die aufeinanderliegenden Streifen an einem Ende spitz zu. Nun nähen Sie mit ein paar Stichen das stumpfe Ende zusammen. Kleben Sie anschließend die Außenseiten der äußeren Segmente des Fächers aufeinander, so daß ein „Sonnenrad" entsteht. Auf diesem Strahlenkranz wird schließlich die Maske mit doppelseitigem Klebeband befestigt.
Mit dem gleichen Folienmaterial, aus dem Sie bereits den Strahlenkranz hergestellt haben, schlagen Sie nun Ihr Geschenk ein. Achten Sie darauf, daß Sie sehr sorgfältig arbeiten, um Falten, Knicke und Risse zu vermeiden, denn diese Art Papier verliert schon bei kleinsten Unregelmäßigkeiten viel von ihrer magischen Ausstrahlung.
Wo Sie letztlich die Maske anbringen, richtet sich nach der Form Ihres Geschenks. Ich rate Ihnen, dabei auf eine gewisse Asymmetrie zu achten, denn so kommen beide Elemente, die Maske und die Glanzfolie, voll zur Geltung.
Finden Sie keine entsprechende Maske im Handel, können Sie sie mit ein paar Stückchen Gipsbinde selbst über einem Puppenkopf formen. Achten Sie aber darauf, daß die Puppe gut mit Vaseline eingefettet ist, da sich der Gips sonst nicht in einem Stück ablösen läßt. Natürlich ist hier die Maske der Ort, an dem sich die meiste Individualität in die Gestaltung einbringen läßt. Experimentieren Sie ruhig, ob sich nicht etwas finden läßt, das einen ganz besonderen Bezug zum Beschenkten hat.

Palmblatt

Apart und festlich wirken Verpackungen aus Silberfolie.

Flaschen sind als die typischen Geschenke in letzter Minute einfach nicht zu umgehen. Mit ein wenig Geschick können Sie in kürzester Zeit Alltäglichkeiten in kleine Kunstwerke verwandeln. Ein großer Bogen steife Silberfolie, etwas Silbernetz und drei kleine Christbaumkugeln – mehr brauchen Sie nicht.
Bevor Sie die Flasche in der Silberfolie eindrehen, teilen Sie die Folie in zwei unterschiedlich große Hälften. Ein Teil der Folie muß dabei so groß sein, daß sich die Flasche bequem darin unterbringen läßt, wenn Sie sie diagonal einrollen.
Am Hals und unter dem Boden müssen Sie die Folie sorgfältig schließen. Nun können Sie aus dem verbleibenden Teil der Silberfolie die Dekoraion am Flaschenhals gestalten. Falten Sie einen Fächer, den Sie in zwei ungleiche Hälften teilen, und befestigen Sie ihn an dieser Knickstelle mit Blumendraht am Flaschenhals. Die Enden des Fächers werden nun mit der Schere harmonisch gestaltet.
Die sprichwörtlichen „zwei Fliegen mit einer Klappe" schlagen Sie, wenn Sie das Silbernetz und die Christbaumkugeln anbringen: dieser Schmuck vollendet nicht nur die Dekoration sondern kaschiert auch den Blumendraht.

„Danke"

Metallochbänder in verschiedenen Farben bieten Ihnen fantastische Dekorationsmöglichkeiten. Zum einen lassen sich mit ihnen voluminöse Schleifen binden, andererseits können sie, passend zugeschnitten, als Akzente der Dekoration Ihrer Verpackung ein außergewöhnliches Gesicht geben.
Schlagen Sie das Päckchen zuerst in gemusterte Goldfolie ein. Auch hier gilt es, Falten und Knicke durch vorsichtiges und sorgfältiges Arbeiten zu vermeiden. Bringen Sie nun einen Streifen Lochband diagonal auf dem Paket an. Beseitigen Sie häßliche Falten mit scharfen Knicken, und schieben Sie überflüssige Ecken an der Unterseite des Päckchens zusammen. Sollte sich das Material als etwas zu widerspenstig erweisen, so schneiden Sie es einfach an den Ecken glatt ab. In die Mitte des Lochbandes setzen Sie ein schmales goldfarbenes Band, mit dem Sie ebenso verfahren.
Gestalten Sie anschließend eine Blüte aus den Resten des Einschlagpapiers und des Lochbandes, in deren Mitte einige goldfarbene Christbaumkugeln den Blumendraht, der die Blütenblätter zusammenhält, verdecken.
Um „Danke" zu sagen, beschriften Sie das Geschenk zum Abschluß noch mit Anreibebuchstaben.

Viel goldfarbenes Material benötigen Sie für diese Danksagung.

Drei Geburtstage

Hier präsentieren sich drei Möglichkeiten, zu bedeutenden Lebensaltern zu gratulieren. Angemessen geschieht dies in bewußter Zurückhaltung, doch mit Eleganz und Vornehmheit. Das Geschenk zum 25. Geburtstag auf der linken Seite wurde ganz in Silberkreppapier eingepackt. Die Papierschleife ist aus dem gleichen Material gefertigt, ebenso der flache Knopf und die Schleifenbänder, deren Enden zu Fransen geschnitten werden. Prägeziffern aus folierter Pappe sind in verschiedenen Ausführungen im Handel erhältlich.
Zerknittern Sie ein Stück Goldfolie und formen Sie daraus das Band unterhalb der Ziffern. Der Stoß muß dabei natürlich auf die Rückseite des Pakets geklebt werden. Wenn Sie die Folie enger zusammendrehen, erhalten Sie eine Kordel, die ebenfalls eine interessante Struktur auf die Folie bringt. Ein weiteres Dekorationselement ist Goldflitter, den Sie mit Hilfe von Flüssigkleber aufbringen.
Bestreichen Sie die Flächen, die Sie auf diese Art verzieren wollen, mit dem Klebstoff, und streuen Sie reichlich Flitter darüber. Nach einer Weile, wenn der Kleber getrocknet ist, schütteln Sie den restlichen Flitter einfach ab. Eine derart glänzende Verpackung wird gewiß genauso viel Freude hervorrufen wie das Geschenk selbst.

Bei dieser Verpackung sind die Prägeziffern aus folierter Pappe besonders wichtig.

Blätter, Blüten ...

Wie vom sagenhaften König Midas berührt scheint diese Verpackung: Goldenes Papier, goldene Schleife, goldene Tortendeckchen, goldene Blätter und Blüten; Gold soweit man schaut. Die verschiedenen Schattierungen dieses Edelmetalls bilden eine prächtige Hülle für ein Geschenk zu besonderen Anlässen.

Da das hier verwendete Papier leicht Knicke bekommt, die dann nicht mehr zu kaschieren sind, muß überaus sorgfältig gefalzt werden, wenn Sie das Päckchen einschlagen.

Unterteilen Sie die Fläche nun asymmetrisch, also ungleichmäßig, durch das Schmuckband, bevor Sie mit der Blütendekoration beginnen.

Streichen Sie dazu als erstes 12 kleine Tortendeckchen und diverse künstliche Pflanzen mit Goldfarbe und lassen diese gut trocknen. Binden Sie nun ein Arrangement, indem Sie die unterschiedlichen Blätter jeweils abwechselnd ordnen. Mit dem letzten drehen Sie dann Blätter und Blüten zusammen. Mit Doppelklebeband plazieren Sie das Gebinde an der gewünschten Stelle.

Schneiden Sie nun die Tortendeckchen bis zur Mitte ein, und drehen Sie kleine Spitztüten. Diese Tüten fixieren Sie wiederum mit doppelseitigem Klebeband um das Blumenarrangement herum. Zum Abschluß wird goldfarbener Schmuckdraht in beliebiger Menge am unteren Ende leicht umgebogen und zwischen den Blüten festgesteckt.

Hier wurden Tortenspitzen als Gestaltungselement eingesetzt.

alles in Gold

Stilisierte Blütenkelche

Dieses Arrangement, das an Jugendstilornamente erinnert, ist ohne großes Können leicht anzufertigen. Die Form der Blütenkelche ergibt sich automatisch, wenn Sie grüne Papierschnur zu Blättern aufdrehen.
Das Paket ist in gemusterte Silberfolie eingeschlagen, darum sollten die Blätter ebenfalls aus Silberfolie geschnitten werden. Die Tüllschleife bereichert schließlich die Komposition.
Lassen Sie sich von dieser Collagetechnik zu weiteren, eigenen Ideen anregen, und finden Sie durch Probieren die passenden Materialien zusammen.

Mein Tip Aus Papierschnüren lassen sich verschiedene Blüten- und Blattformen bilden. Da das Material aber sehr leicht reißen kann, ist vorsichtiges Arbeiten angebracht.

Ganz zufällig

Diese außergewöhnliche Form für ausgefallene Geschenke lebt vom eher zufälligen Zusammenspiel der unterschiedlichen Folien.
Wichtig ist der erste Einband mit steifer Silberfolie. Die zweifach darüberliegende Folie kommt erst auf diesem Untergrund richtig zur Geltung. Knittern Sie dazu die Folien leicht zusammen, und kleben Sie sie dann mit doppelseitigem Klebeband auf.

Schneiden Sie nun aus fester Silberfolie drei beliebig große Blätter aus, und ritzen Sie mit einem spitzen Gegenstand das Blattrippenmuster ein. Drei Styroporkugeln werden im selben Material eingewickelt und mit den Blättern zusammen arrangiert. Ganz nach Ihrem persönlichen Geschmack können Sie nun noch aus den Resten der steifen Silberfolie einen bizarren Ast zusammendrehen und zu den Blättern stecken.

Obwohl bei dieser Dekoration der Zufall eine wesentliche Rolle spielt, erzielt sie eine bemerkenswerte Wirkung.

Mein Tip **Wenn Sie mehrere Geschenke ähnlich aber doch individuell gestalten wollen, ist diese Verpackung genau richtig.**

Hier wirkt besonders die Beschaffenheit der stärkeren Metallfolie.

Aparte Form

Eine ganz besondere Falttechnik ziert dieses Paket. Sie ist allerdings viel leichter nachzumachen als es auf den ersten Blick scheint.
Der Trick besteht im zweimaligen Einschlagen des Päckchens. Zuerst müssen Sie das Paket in das rote Folienpapier einschlagen. Bevor Sie es dann mit der silbernen Folie umgeben, müssen Sie diese allerdings erst noch nach der Anleitung auf Seite 109 einschneiden. Achten Sie dabei auf parallel verlaufende Schnittkanten.
Falten Sie danach jeden zweiten Winkel nach oben und klemmen ihn hinter den nächsten Zwischenwinkel, wie es aus der Anleitungszeichnung auf Seite 109 hervorgeht.
Für die Schleife bekleben Sie einen Streifen des Papiers mit farblich passendem Geschenkband und formen eine Schlaufe. Setzen Sie diese auf zwei Streifen, und schneiden Sie anschließend Zacken in die Enden der Bänder.

Die Anleitung zum Flechtmuster finden Sie auf Seite 109.

Silber und Pink

Kreisrund und mit einer Bogenkante versehen ist die hier verwendete zweifarbige Metallfolie in guten Fachgeschäften zu erhalten.
Eine andere Verpackung aus dem gleichen Material finden Sie auf Seite 31. Dort wird noch mehr mit der besonderen Form dieser Folie gespielt.

Schlagen Sie zuerst das Päckchen in entsprechender, normaler Silberfolie ein. Dann raffen Sie die kreisförmige Folie in der Mitte stark zusammen, so daß sich der Rand kräuselt. Fixieren Sie das Ganze mit Blumendraht und kleben Sie die Dekoration mit Doppelklebeband auf dem Paket fest.

Anschließend können Sie noch weitere Dekorationselemente wie aus Silberfolie gedrehte Rollen, Perlenschnüre, Dekokugeln an Drähten oder Blätter hinzufügen.
Auch dieses Geschenk dürfte, wenn es mit viel Liebe verpackt wurde, fast zu schön sein, um geöffnet zu werden.

Für diese Verpackung benötigen Sie eine metallisch glänzende, auf beiden Seiten verschieden farbig bedruckte Kunststoffolie.

Ton in Ton

Zartblau

Die Abbildung zu „Zartblau" finden Sie auf Seite 20/21.

Wenn Sie sich vor die Aufgabe gestellt sehen, ein etwas größeres, rundes Geschenk aufwendig und dekorativ zu verpacken, empfiehlt sich die Verwendung von Tortenspitze. Das restliche Material läßt sich dann leicht darauf abstimmen.
Kreppapier eignet sich ebenfalls gut zum Einhüllen runder Gegenstände, da es in seiner Struktur bereits sehr elastisch ist. Das bedeutet aber auch, daß Sie das Kreppapier an allen Enden sehr gut festkleben müssen, da es sonst ausbeult und die gesamte Dekoration erheblich beeinträchtigt.
Zur Grunddekoration schlagen Sie das Paket so ein, wie es auf Seite 109 empfohlen wird. Nehmen Sie nun einen weiteren Streifen Kreppapier, legen Sie ihn rings um den Rand, und schneiden Sie Fransen hinein. Kleben Sie nun die Tortenspitze obenauf. Achten Sie dabei auf sauberes und festes Kleben.
Die zartgemusterte Tüllschleife paßt sich farblich gut an. Befestigen Sie sie zusammen mit dem Bausch, den Sie aus dem weißen Raffband formen. Weitere Zutaten zu dieser Ton-in-Ton-Komposition werden Sie mit etwas Muße zusammentragen können, ähnlich der beiden Vögel, die wie für dieses Arrangement geschaffen scheinen.

Harmonie aus strahlendem Gelb

Unterschiedlichste Materialien vertragen sich durch den gemeinsamen Gelbton.

Für diese Verpackungsform sind die allerneuesten Materialien zusammengestellt, die zur Zeit angeboten werden.
Gelbes Lackpapier von ungewöhnlicher Leuchtkraft umhüllt das Gechenkpaket. Aus der neuartigen farbigen Dekoschnur wurden durch Aufdrehen stilisierte Blätter geformt. Gelbes Polyschmuckband, das sehr elastisch ist, wurde in mehreren Lagen gerafft und mit biegsamem Gitterband fest zusammengebunden, das sich erst seit kurzem auf dem Markt befindet.
Schneiden Sie die Enden des Gitterbandes so ab, daß sie gerade eben schräg über den Rand des Päckchens hinausstehen. Die einfache Bearbeitung, für die Sie lediglich eine Schere benötigen, und die leichte Formbarkeit in fast jeder nur denkbaren Weise wird Sie sicherlich anregen, hier Ihre Phantasie so richtig zur Geltung kommen zu lassen. Schleifen, Nester, Untergründe aus Gitterband sind Strukturen, die jedem Geschenk eine besondere Note geben können.
Wenn Sie die Zeit und Ruhe haben, einmal so richtig mit diesem Material zu spielen, werden Sie sicher auf teilweise recht bizarre Gebilde stoßen, die aber auf dem richtigen Geschenk und auf dem richtigen Untergrund eine tolle Dekoration ergeben können.

Windmühle

Wählen Sie ganz bewußt ein großgemustertes Geschenkpapier aus, da es sich besonders gut für diese Dekoration eignet. Schneiden Sie nach dem Einschlagen des Päckchens zwei dem Päckchenformat in der Größe angemessene Quadrate aus dem Papier aus und kleben die Rückseiten aneinander. Bekleben Sie nun auf beiden Seiten die Kanten mit einem farblich harmonierenden Geschenkband, da diese den Windmühleneffekt verstärken helfen sollen.
Schneiden Sie das Quadrat nun an den Ecken in Richtung der Diagonale ein, und zwar nur so weit, daß eine Seite der geteilten Ecke den Mittelpunkt des Vierecks berühren kann, wo Sie sie mit etwas Klebstoff fixieren. Die andere „Hälfte" der Ecke bleibt stehen, und Sie wiederholen dieses Verfahren an den anderen drei Eckpunkten. Fertigen Sie nun in gleicher Weise ein zweites Windrad an, wobei Sie aber darauf achten sollten, daß es sich in die andere Richtung dreht. Die Klebestellen in der Mitte kaschieren Sie mit gekräuselten Resten des Geschenkbandes, mit dem Sie die Kanten beklebt haben.

Mit der „Windmühle" wird eine alte Form neu belebt.

Es grünt so grün

Tonpapier, das Sie in Bastelgeschäften bekommen, ist ein hervorragendes Verpackungsmaterial. Verschiedenste Farbtöne erleichtern Ihnen die Abstimmung der Farben von Beiwerk und Papier.
Berücksichtigen Sie aber bei der Verarbeitung, daß dieses Material sehr fest ist und alle Falze und Knicke gut vorgearbeitet werden müssen.

Zartbedrucktes Polygeschenkband sollten Sie in der Farbnuance etwas dunkler oder heller als die dünnen Bänder auswählen. Kombinieren Sie die Bänder zu einer dichten Schleifenform. Ebenso sollten sich die Trockenblumen, die Sie hinter die Schleife stecken, leicht von den anderen Farbtönen absetzen, wobei natürlich nicht zu scharfe Kontraste entstehen dürfen. Ein kleines Stück Dekokette mit mittelgroßen Perlen, nicht zu auffällig angebracht, vollendet die asymmetrische Dekoration.
Sollten Sie eines der oben erwähnten Dekomaterialien nicht bekommen können, so versuchen Sie einfach, beispielsweise etwas ähnlich „artfremdes“ wie die Trockenblumen zu verwenden.

Naturprodukte wie Trockenblumen lassen sich harmonisch in einfarbige Verpackungen einfügen.

Kreation mit…

Sehr elegante Kreationen entstehen, wenn Sie Tortenspitzen, Polygeschenkband, kleine Papiersäckchen und Glaskugeln zu einem Bild kombinieren. Um den Grundton des Einschlagpapiers nicht zu verlieren, dominieren ein Fächer und eine Schleife aus dem Grundpapier die Verpackung.
Beginnen Sie nach dem Einschlagen mit dem Fächer, so wie er auf Seite 115 beschrieben ist. Bekleben Sie das Papier aber vorher am Rand mit einem silbernen Papierstreifen oder Geschenkband. Falten Sie nun eine Tortenspitze grob in Fächerform und setzen Sie sie vor den großen Fächer. Mit doppelseitigem Klebeband werden nun beide Teile auf dem Geschenk fixiert. Befestigen Sie vorher allerdings noch eine viereckige Tortenspitze darunter, so wird der grazile Charakter der Komposition verstärkt.
Formen Sie aus einem breiten Streifen Geschenkpapier nun die Schleife nach dem Vorbild auf Seite 114. Mit ihr, der Glaskugel und den Papiersäckchen lassen sich nun notfalls auch kleine Klebespuren an den Fächern kaschieren.

Mein Tip **Die eigenwilligsten Dekovarianten lassen sich mit Tortenspitze arrangieren. Oft genügt ein Halbkreis, der zusammengerollt eine interessante Struktur ergibt.**

Hinweise zum Falten von Fächern finden Sie auf Seite 115.

Schleife und Fächer

Varianten in Blau

Auch diese Verpackung sieht wesentlich schwieriger aus als sie wirklich ist. Schlagen Sie dafür zuerst einmal Ihr Päckchen sehr sorgfältig in blauem Tonpapier ein. Da das Material relativ fest ist, müssen Sie beim Falzen recht genau arbeiten.
Aus einem verbleibenden Rest des Papiers schneiden Sie nun die kleinen Herzen und belegen diese am Rand mit silbernem Glitter aus der Tube. In ganz ähnlicher Weise dekorieren Sie die Oberfläche des Geschenks: Ziehen Sie mit der Glittertube einen Rand um die Oberseite und unterteilen Sie diese mit diagonal verlaufenden Linien in kleine Rauten. Je nach Größe dieser Rauten setzen Sie dann noch jeweils einen Punkt hinein. Abschließend formen Sie ein nicht zu kleines Knäuel aus Deko- Lametta und drapieren mit ihm und den vorbereiteten Herzen ein Ornament auf der Oberfläche der Verpackung. Diese Art der Dekoration sieht natürlich nur dann wirklich gut aus, wenn Sie einfarbiges, ungemustertes Papier verwenden.

Eine andere Komposition in vergleichbaren Farbtönen erfordert etwas mehr Geduld bei der Herstellung. Legen Sie das farbige Papier vor dem Einschlagen des Päckchens in regelmäßige, etwa zwei Finger breite Falten. Dabei beginnen Sie mit einem Tal in der Mitte, von dem aus nach jeder Seite je zwei, drei Falten aufsteigen. Bringen Sie mit dem Locher Öffnungen an den Rändern der über dem Tal liegenden Falten an, durch die Sie später die Goldkordel ziehen. Kleben Sie nun Goldfolie so auf das „Tal", daß die gelochten Falten sie am Rand überdecken. In die anderen Falten schieben Sie Streifen aus Goldfolie, die nur bis zur Hälfte sichtbar werden. Anschließend alles gut verkleben, damit sich die Falten nicht mehr öffnen.

Glitter aus der Tube ist ein äußerst plastischer Werkstoff.

Dekorative Tüten

Schlagen Sie einen quadratischen Karton zuerst ganz in pinkfarbenem Lackpapier ein. Achten Sie bei diesem Material auf sauberes Falzen, da Knicke an der falschen Stelle bei dieser Dekoration nicht zu verdecken sind, und ein schöner Bogen Papier verdorben wäre.
Umranden Sie das Päckchen mit einem Band aus dem gemusterten Geschenkpapier. Die seitlichen Kanten dieses Bandes sollten Sie durch Falzen und nicht durch Schneiden herstellen, da das Band so mehr Volumen bekommt.
Aus dem gleichen Papier, dem Lackpapier und aus Silberfolie drehen Sie nun spitze Tüten, die Sie erst nach dem Zusammenkleben auf die passende Länge zuschneiden. Kleben Sie die drei Tüten nun sehr eng nebeneinander auf die Schachtel. Fertigen Sie nun das Herz, indem Sie einen langen Streifen gemustertes Papier in kleine Fächerfalten legen und mit ihm das bereits ausgeschnittene Herz einrahmen.
Dem verspielten Element fügen Sie dann das Silbernetz und die Silberkordel hinzu. Haben Sie außerdem noch ein Stück silberfarbenes Glanzband zur Hand, so sollten Sie dies kräuseln und unbedingt in diese Dekoration miteinbeziehen.

Eine Vorlage für ein Herz finden Sie auf Seite 117.

Brillante Folie

Gestalten Sie einmal eine ganz und gar anders geartete Verpackung aus vorgeschnittenem und vorgeformtem Folienpapier in kräftigem Pink.
Diese Art der Verpackung eignet sich am allerbesten für sehr flache Geschenke – im Format ideal und als Verlegenheitsgeschenk ohnehin beliebt sind Gutscheine. Diesen Umschlag befestigen Sie dann unter der „Verpackung".

Schneiden Sie zuerst einen steifen Karton in Form des Umrisses der Folie aus.
Breiten Sie auf der Oberfläche eine leicht gemusterte Japanserviette, die ebenfalls mit der Bogenkante versehen sein sollte, aus.
Auf dieser Grundplatte befestigen Sie nun einen Fächer aus einem weiteren runden Bogen Folienpapier, den Sie asymmetrisch raffen, um dem Ganzen etwas mehr Spannung zu verleihen.
Drehen Sie nun noch einige Papierrosen, wie auf Seite 116 beschrieben, und bringen Sie sie ebenfalls auf der Oberfläche an. Zum Schluß ziehen Sie frei Hand einige Linien auf der Verpackung mit Flüssigkleber und streuen reichlich losen Glitter darüber. Nach längerem Trocknen schütteln Sie dann die nicht haftenden Teilchen einfach ab.

Diese Verpackung wird stark vom vorgegebenen Material, den Folienscheiben mit Wellenrand, geprägt.

Hochzeitsgruß ...

Bei diesem stilisierten Hochzeitskuchen sind zwei Geschenke in einer Verpackung kombiniert worden. Ob Sie ebenso eine runde auf eine viereckige Form setzen, bleibt natürlich dem Inhalt Ihres Geschenks vorbehalten, jedoch rate ich dazu, mindestens eine runde Schachtel zu verwenden, da die Kreisform natürlich am besten in der Lage ist, eine Hochzeitstorte zu imitieren.
Schlagen Sie zuerst beide Teile des „Kuchens" getrennt von einander in weiße Lackfolie ein. Um nun eine plastischere Struktur zu bekommen, kleben Sie jeweils eine weiße, leicht glänzende Kordel sehr sorgfältig auf die äußeren Kanten. Dadurch entsteht außerdem zwischen den einzelnen weißen Flächen etwas mehr Kontrast.
Bringen Sie nun Volumen in die Dekoration, indem Sie eine füllige Schleife aus etwa drei Metern unterschiedlicher Bänder formen. Sparen Sie auch um keinen Preis am weißen Tüll, der zusammen mit Herz und Blütenrispe der Verpakkung die hochzeitliche Note verleiht.

Mein Tip **Falls Sie einen „Hochzeitskuchen" mit mehr als zwei Schichten verschenken wollen, sollten Sie der Dekoration noch einige weitere typische Elemente hinzufügen, wie etwa kleine weiße Tauben, die Sie in jedem Fachgeschäft für Dekorationsartikel bekommen können.**

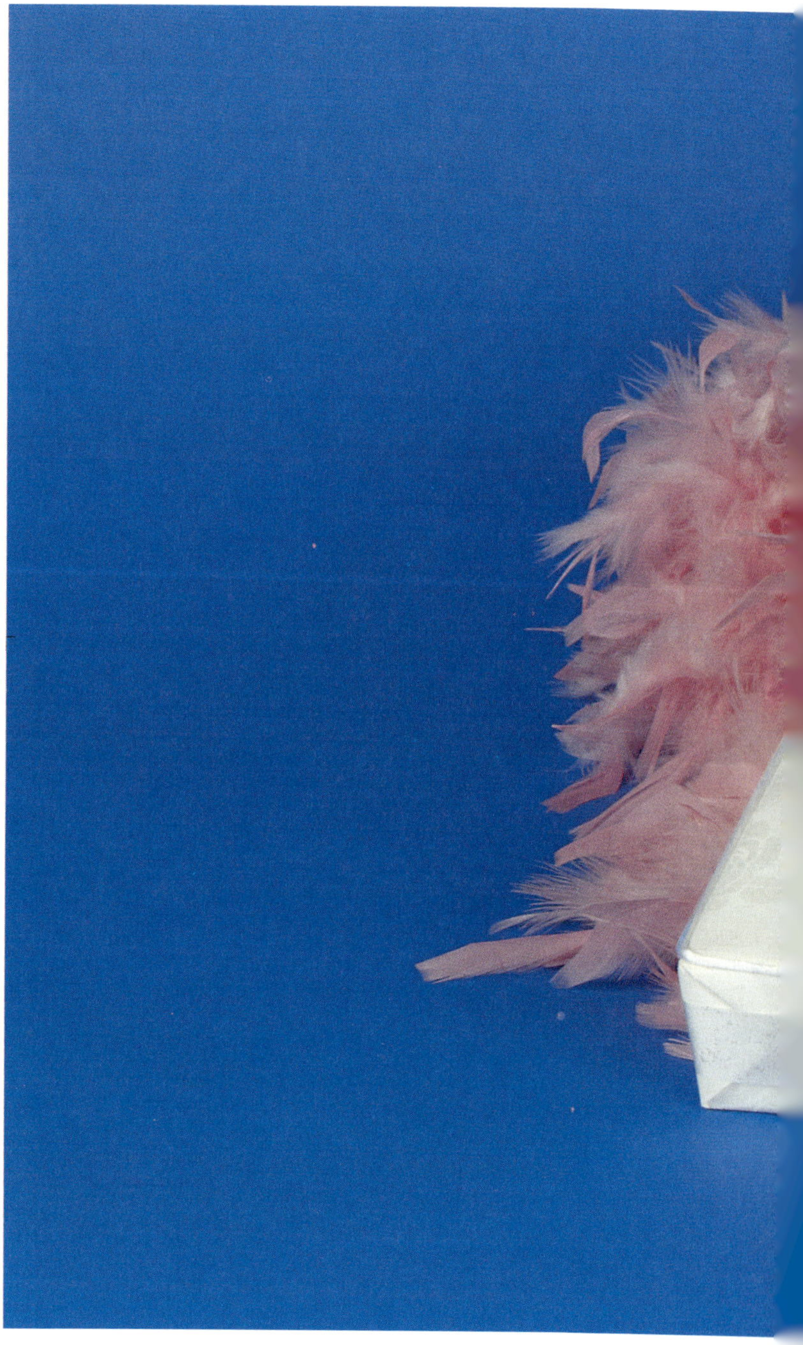

Mit Lackfolie lassen sich sehr edle Verpackungen gestalten.

zart und atmosphärisch

In Rot gehalten

Dieser stark leuchtende Geschenkeinband ist mit drei einfachen Fächerblüten, deren Ränder mit glänzendem Polygeschenkband beklebt sind, einer Papierrose (Anleitung auf Seite 116) und einem passenden Federbusch im Nu wirkungsvoll dekoriert. Lediglich für die gefalteten Blätter müssen Sie etwas experimentieren.

Schneiden Sie ein Papier quadratisch zu und falten es exakt zu einem Dreieck. Von der Spitze aus falten Sie es ein weiteres Mal, so daß Sie es mit leichter Drehung zu einem Blatt zusammenfügen können.

Eine ähnliche Sinfonie in Rot erklingt im Geschenk auf der rechten Seite. Überziehen Sie das Paket nach dem Einschlagen mit rotem Lochband, und bilden Sie aus einem Rest Metallfolie eine offene Schleife. Dann dekorieren Sie die obere Seite mit einer Fülle von verschiedenen Bändern, die Sie zu Schleifen binden. Das prägnanteste Element ist wohl die rote Tüllschleife mit den kleinen glitzernden Punkten.

Wenn alle Rottöne aufeinander abgestimmt sind, leuchtet diese Verpackung richtig auf.

Kunterbunte Überraschungen

Lustige Papageien

Die Abbildung zu den „Lustigen Papageien“ finden Sie auf Seite 36/37.

Accessoires und Verpackungsmaterial harmonisch und gekonnt aufeinander abzustimmen, ist oft mit größerem Zeitaufwand verbunden. Doch inzwischen gibt es immer mehr gute Fachgeschäfte, die ein breit gefächertes Sortiment an Dekorations- und Verpackungsartikeln anbieten.
Bei der Auswahl und der Suche nach solchen zueinander passenden Dekorationselementen werden Sie bestimmt noch weitere Anregungen erhalten und verblüfft feststellen, wie sich ein Muster hier und kleine Accessoires dort entsprechen.
Wenn Sie so lebendig gemustertes Papier wie bei unseren Papageien hier verwenden, empfiehlt es sich, die Papierdekoration sparsam zu gestalten, um vom besonderen Reiz der Verpackung nicht abzulenken. Schlagen Sie den Karton einfach ein, lassen aber an einer der Seiten einen großen Überstand bestehen, den Sie in Fransen schneiden. Auf diesem Nest plazieren Sie dann einen der frechen Papageien.
Das Schiffchen ist nicht nur reine Dekoration. Dem aufmerksamen Betrachter wird ein kleines Geschenk inmitten dieses Verpackungsbildes hoffentlich nicht entgehen.
Die Fahne bietet darüber hinaus weitere Möglichkeiten zur Gestaltung: Initialen lassen sich auf ihr mit Anreibebuchstaben anbringen oder auch kleinste Geschenke. Diese sollten Sie aber in der Fahne vor dem Zusammenkleben einschließen und nicht bloß aufkleben, denn das sieht oft häßlich aus.

Farbenfroher Entenreigen

Die Vorlage für die kleinen Enten finden Sie auf Seite 117.

Die harmonische Abstimmung von Schachtel, Geschenkpapier und Dekorationselementen hat immer ihren ganz besonderen Reiz. So wird dem grün-weißen Karomuster des Geschenkpapiers durch die grünen und gelben Schmuckbänder entsprochen, die den unteren Teil der Schachtel umfassen.
Das Gelb wird dann wieder mit den Entchen aufgegriffen, die Sie einfach nach der Schablone im Buch durchpausen, ausschneiden und auf die Bänderverzierung kleben. Alle Farben finden sich schließlich oben auf dem Päckchen wieder.
Kombinieren Sie viel gelbes Kräuselband mit der restlichen grünen Schleife und befestigen Sie das Arrangement zusammen mit restlichen Streifen des karierten Geschenkpapiers an der Oberseite der Verpackung. Die Papierstreifen können Sie mit der Schere spiralförmig ziehen.
Statt der Enten können Sie natürlich je nach Anlaß auch andere Motive auf der Schachtel anbringen. Achten Sie dabei aber auf die harmonische Farbzusammenstellung. Falls Sie also für ein Weihnachtsgeschenk das Papier mit kleinen Engeln oder Nikoläusen verzieren wollen, müssen Sie die übrigen Farben entprechend auf das Rot der Weihnachtsmänner oder die Farbe der Engel abstimmen. Auch hier gilt, daß das Bummeln im Fachhandel einem manche interessante Anregung geben kann.

Regenbogenfarben

Regenbogen- oder auch Farbverlaufspapier bietet eine Unmenge von Gestaltungsmöglichkeiten.

Diese Verpackung lebt vom einzigartigen Material, mit dem sie gestaltet wurde, dem Regenbogen- oder besser Farbverlaufspapier. Schlagen Sie zuerst das Paket selbst ein. Achten Sie schon jetzt auf den Farbverlauf im Papier, und wählen Sie einen Ausschnitt, der mindestens eine – besser zwei – Farbe in ihrer vollen Intensität zeigt.
Die Spitztüte müssen Sie in der gleichen Weise gestalten. Wichtig ist hier, daß Sie ausprobieren, wo die Farben von Karton und Trichter zusammenstoßen werden und durch geschickte Ausschnittwahl einen möglichst großen Farbkontrast schaffen. Die weiteren Dekorationselemente wie Kreise und Streifen wählen Sie nach den gleichen Gesichtspunkten aus. Schauen Sie einfach, was sich aus dem Verschnitt des Papiers herausholen läßt.

Mein Tip Auch unter der Spitztüte läßt sich ein kleines zusätzliches Geschenk verstecken.

Schleife – und fertig

Ungewöhnliches Material bestimmt auch das Bild dieser Verpackung. Ein simpler Schuhkarton wird, schlicht eingeschlagen, durch die sorgfältige Auswahl der Geschenkbänder aufgewertet.
Viel zu selten werden Papierspitzen für Verpackungen verwendet, obwohl die mit ihnen erzielte Wirkung nicht so leicht nachzuahmen ist. Dabei haben Sie die Wahl, ob Sie die Spitze alleine verwenden oder sie gekonnt mit einer bedruckten Borte zusammen zu einer voluminösen Schleife binden.
Schneiden Sie die Schlaufen des Gebindes schräg auf, und zupfen Sie die Enden behutsam in die gewünschten Richtungen auseinander. Da die unterlegte Papierspitze recht steif ist, behält sie die Form bei, die man ihr gegeben hat.

Mein Tip Wählen Sie die Schleifen unbedingt nach der Farbe des Kartons beziehungsweise des Einschlagpapiers aus, um keine unangenehmen Überraschungen zu erleben.

Hinweise zum Binden von Schleifen finden Sie auf den Seiten 110–114.

Himmlische…

Schlagen Sie Ihr Präsent mit einem buntbedruckten Geschenkpapier so ein, daß die wichtigsten und schönsten Motive auf der Vorderseite des Päckchens gut zur Geltung kommen. Achten Sie darauf, daß Sie einen genügend großen Verschnitt behalten, da Sie diesen für die weitere Dekoration benötigen werden.
Suchen Sie sich aus dem Verschnitt ein schönes Motiv aus, schneiden Sie dies sorgfältig und genau entlang der Außenkontur aus, und kleben Sie es entweder auf eine farblich abgestimmte Japanserviette oder ein Stück pergamentähnliches Urkundenpapier, das Sie im Schreibwarenhandel bekommen können.
Lockern Sie zum Schluß das Ganze durch passende Bänder oder Schleifen auf.

Etwas anders müssen Sie verfahren, wenn Sie relativ große Geschenke zu verpacken haben. Suchen Sie dazu ganz bewußt ein großgemustertes Papier aus.
Das wunderschöne Muster des hier verwendeten Papiers macht die Gestaltung einfach. Mit der Papierschleife wird das Gelb des Musters aufgegriffen und schafft eine wohltuende Farbharmonie. Achten Sie aber darauf, daß Sie beim Einschlagen des Päckchens die Motive nicht auf den Kopf stellen.
Für die Schleife sollten Sie nur Lackpapier verwenden, da sein Glanz in Verbindung mit der ungewöhnlichen Größe erst die richtige Pracht entfaltet.

Eine weitere Abbildung zu den „Himmlischen Freundlichkeiten“ finden Sie auf Seite 42/43.

Freundlichkeiten

Folienlocken

Knittern Sie kupferfarbene Metallfolie leicht, und hüllen Sie das schmale Präsent darin ein. Aus dem lachsfarbenen Polypapier reißen Sie gleichmäßige Streifen, von denen Sie einen Teil leicht kräuseln müssen. Fügen Sie dann die glatten Streifen hinzu, und binden Sie das Ganze fest zusammen.

Immer wieder gut macht sich der vielseitig verwendbare Tüll auf kunstvoll gestalteten Verpackungen. Die beste dem Material entsprechende Wirkung erzielen Sie, wenn Sie Tüll nie zu sparsam verwenden. Binden Sie zwei verschiedene Tüllbänder zu einer großen Schleife so wie auf dem Foto zusammen. Das durchsichtige Band, das in die Schleifen miteinbezogen wurde, ist erst seit kurzem auf dem Markt und wird in vielen herrlichen Farben angeboten.

Durch eine weiße Feder können Sie das Arrangement schließlich abrunden.

Die Geschenkumhüllung auf der rechten Seite lebt ganz von der Fülle der verwendeten Polypapiere.

Mit einem Bogen hüllen Sie das Geschenkpäckchen ganz ein, einen zweiten Bogen spalten Sie der Länge nach in ca. zwei Zentimeter breite Streifen. Ziehen Sie die Streifen mehrmals über die Schneide einer Schere, um eine starke Kräuselung zu erreichen.

Aus einem dritten Bogen Polypapier fertigen Sie drei Papierrosen nach der Anleitung auf Seite 116. Fünf übergroße Blätter, deren Ränder Sie mit Glitter aus der Tube bestrichen haben, vervollständigen das Blumengebinde.

Bänder, die Sie mit der Schere kräuseln, sind meist ein bis zwei Meter lang.

In Eile – Dein Valentin

Ein kleines, flaches Geschenk erscheint größer, wenn Sie es in reichlich Kreppapier einschlagen, das leuchtend rot sein sollte. Achten Sie darauf, daß der Schluß auf der Rückseite des Päckchens zu liegen kommt.

Auf die Vorderseite kommt eine gold gefärbte Tortenspitze, die den auf ihr liegenden Tulpen den nötigen Kontrast zum Untergrund verschafft. Jetzt müssen Sie nur noch die Tulpenstiele mit etwas Polyband zusammenbinden, und schon haben Sie eine hübsche Verpackung, die sicher vielen Anlässen gerecht werden kann.

Sie können allerdings auch folgende Variation versuchen: Geben Sie beim Einschlagen mehr Papier in der Breite hinzu und schneiden Sie Fransen in den Überstand. Kräuseln Sie die kurzen Streifen nun sorgfältig Stück für Stück.

In der Art dieser Dekoration lassen sich auch noch andere, ähnliche Materialien zusammenstellen. Setzen Sie beispielsweise einen Weihnachtsstern und einen Tannenzweig auf die Tortenspitze, haben Sie Ihr Nikolausgeschenk flott aber wirkungsvoll verpackt.

Kreppapier ist ein recht preiswertes und leicht zu verwendendes Material. Es ist darüber hinaus in einer umfangreichen Farbskala im Fachhandel erhältlich. Die Dehnbarkeit des Papiers ermöglicht zudem auch das Verpacken recht unförmiger Präsente, ohne daß häßliche Falten oder Beulen entstehen.

Mein Tip **Sie sollten Kreppapier nicht mit Flüssigklebstoff bearbeiten, da er einerseits auf der strukturierten Oberfläche nur schlecht haftet und andererseits die Gefahr des Durchschlagens besteht.**

Verpackungen aus Kreppapier sind schnell gemacht.

Schwarz auf Weiß

Um diesen beiden Nicht-Farben genügend Leuchtkraft zu verleihen, sollten Sie Polypapiere verwenden, die sich zudem ausgezeichnet für die weiche, leichte Faltentechnik eignen.
Bevor Sie das Geschenk einschlagen, müssen Sie das Papier vorbereiten. Falten Sie einen ausreichend breiten Streifen weißes Papier so, daß ein Streifen übrig bleibt, der etwa ein Drittel der Päckchenhöhe breit ist. Dann kleben Sie parallel zu den Falten zwei schwarze Folien an. Nun können Sie das Geschenk so einschlagen, daß der weiße Streifen diagonal über das Paket läuft.
Aus Reststücken der Folie reißen Sie Streifen, die Sie leicht einkräuseln und mit dem Takker zu einem dichten Bündel zusammenheften, das Sie mit etwas Doppelklebeband auf dem Geschenk anbringen.

Diese Verpackung wirkt schon durch das verwendete Glanzpapier sehr edel.

Party-Präsent

Fächer sind ein einfach herzustellendes Gestaltungselement, das auf verschiedene Arten verwendet werden kann. Dieses quadratische Päckchen wird von zwei Fächern flächendeckend bekleidet.

In diesem Fall läßt sich großgemustertes Geschenkpapier bestens verwenden. Stimmen Sie das Dekoband unbedingt auf die Farbe der Muster ab.

Beginnen Sie wie gewohnt mit dem Einschlagen des Päckchens. Bereiten Sie nun zwei unterschiedlich breite Streifen des Geschenkpapiers für die Fächer vor, und bekleben Sie davon jeweils eine Längskante mit dem Geschenkband. Der größere Streifen darf dabei nicht breiter als eine der Kanten des Päckchens sein. Stellen Sie nun Fächer nach der Anleitung auf Seite 115 her, die Sie an einem Ende zusammentackern und in der Form eines Viertelkreises auffächern.

Befestigen Sie die Fächer übereinander auf dem Päckchen, und verdecken Sie die Heftklammern durch ein Knäuel aus gekräuseltem Geschenkband.

Mein Tip **Kleben Sie die Fächer auf dem Paket an mehreren Punkten an, damit sie ihre Form beibehalten.**

Hinweise zum Falten von Fächern finden Sie auf Seite 115.

Zum Muttertag

Wenn Sie ein Geschenkpapier mit Blumenmuster ausgewählt haben, zeigt Ihnen dieses Beispiel eine weitere Möglichkeit, ein Geschenk mit aus dem Papier ausgeschnittenen Motiven zu dekorieren.
Nachdem Sie das Päckchen eingeschlagen haben, winden Sie aus dünnen, biegsamen Ästen einen Kranz. Ein wenig Blumendraht hält das Gebinde zusammen. Umwickeln Sie die Stellen, an denen der Draht zu sehen ist, mit passendem Dekoband, von dem Sie die Enden etwas länger überstehen lassen und leicht kräuseln.
Schneiden Sie nun immer zwei gleichgroße Motive aus restlichem Geschenkpapier aus, und kleben Sie sie mit den Rückseiten aufeinander. Wie viele Blüten Sie verwenden, hängt von der Größe des Blumenmusters ab; je größer die Blüten, desto weniger finden in diesem Arrangement Platz.
Setzen Sie abschließend die Blüten einfach mit doppelseitigem Klebeband auf die Schlaufen des Kräuselbandes.

Mein Tip **Frische Zweige lassen sich naturgemäß besser biegen als bereits getrocknete, die brechen können.**

Die Wirkung dieser Verpackung hängt sehr von der Auswahl des verwendeten Papiers ab.

Weihnachten…

Was könnte passender für Weihnachten sein als dieses leuchtende, plastisch gestaltete Kerzenmotiv?
Schlagen Sie als erstes wieder Ihr Geschenk ein, diesmal in schwarzes Glanzpapier. Als nächstes pausen Sie die Vorlage von Seite 54 durch und übertragen die Form auf Regenbogenpapier, so daß die Farbverläufe sich zu den Kerzenflammen hin steigern. Rollen Sie nun die Kerzen zusammen und kleben Sie den Stoß auf das Geschenk. Die Länge der größten Kerze richtet sich nach der Höhe Ihres Pakets, ebenso ist die Anzahl der Lichter vom Format des Päckchens abhängig.
Für die Weihnachtsglocken sollten Sie nur dann das gleiche Regenbogenpapier wie für die Kerzen verwenden, wenn Sie beide Geschenke nicht zusammen überreichen. Nach dem Einschlagen des Päckchens übertragen Sie die Vorzeichnung für die Glocken von Seite 54 auf das farbige Papier. Ziehen Sie dann die Umrisse mit Glitter aus der Tube oder einem Glitzerstift nach. Wenn die aufgetragene Zeichnung gut durchgetrocknet ist, schneiden Sie die Glocken aus und plazieren sie auf dem Geschenk.

Mein Tip **Damit die Flammen der Kerzen nicht allzu leicht abknicken, sollten Sie sie von hinten mit festem Karton verstärken.**

Die Vorlagen für diese Adventsmotive finden Sie auf Seite 54.

steht vor der Tür

Geldsack

Eine Verpackung in Tütenform ist eine der wandlungsfähigsten Möglichkeiten, ein Geschenk zu präsentieren. Dieser Geldsack ist nur eine davon.
Verwenden Sie ein kleinteilig gemustertes Geschenkpapier als Grundlage.
Bereiten Sie als erstes die Tüte vor, indem Sie die Längsseiten des Bogens je zwei Zentimeter und die Breitseiten je vier Zentimeter nach innen falten. Knikken Sie den Bogen nun in der Mitte, und kleben Sie die Seitenränder zusammen.
Als nächstes fertigen Sie ein Papierband, das Sie an den Enden spitz einschneiden. Verstauen Sie nun das Geschenk in der Tüte, drücken Sie den Hals soweit herunter, wie das Geschenk es erlaubt, raffen Sie ihn mit etwas Blumendraht fest zusammen, und schlagen Sie mit dem Papierstreifen einen lockeren Knoten darum. Schneiden Sie nun die Ziffern aus stärkerer Silberfolie aus. Kleben Sie sie erst zum Schluß an das fertige Geschenk, damit sie beim Schlagen des Knotens nicht verknicken.

Eine andere Möglichkeit, einen Sack zu formen, wird auf Seite 108 beschrieben.

Winterliche Gesellen

Der lustige Skifahrer auf dieser Seite ist ein weiteres Beispiel dafür, wie originell und vielseitig sich Geschenke verpacken lassen.
Zum Einschlagen des Päckchens verwenden Sie am besten rot-weiß gestreiftes Papier. Haben Sie kein derartiges Papier zur Hand, sollte es aber zumindest ein anderes feingemustertes Papier in den typischen Nikolausfarben Weiß und Rot sein. Für Mütze und Bart benötigen Sie entsprechend passendes einfarbiges Tonpapier. Für die Handschuhe wurde absichtlich ein recht kräftiger Farbton ausgewählt. Kleben Sie dazu zwei Bogen Tonpapier aneinander, bevor Sie die Form ausschneiden.
Für Skier und Skistöcke kleben Sie zwei Lagen Tonpapier aufeinander, so daß das Material etwas mehr Festigkeit bekommt. Schneiden Sie zwei Streifen zurecht, die Sie vorne spitz zulaufen lassen, biegen Sie diese Spitze dann leicht nach oben, und fertig sind die Nikolausskier. Die Stöcke stellen Sie aus zwei Schaschlikspießchen und kleinen Tonpapiertellern her, die Sie mit einem Tropfen Flüssigklebstoff fixieren.
Augen, Nase und Mund lassen sich leicht aus schwarzem Tonkarton ausschneiden und aufkleben. Bart und Mützenbommel sind schnell und einfach aus ein wenig Watte geformt.

Auch schlichte Formen lassen sich gut figürlich gestalten.

Diese frostige Art, eine Flasche zu verpacken, wird sicher viel Heiterkeit und Freude hervorrufen. Dabei ist sie im Handumdrehen hergestellt.
Ein kleines Päckchen Watte, ein wenig schwarzes Papier, eine gelbe Rübe für die Nase und ein Stückchen Stoff ergeben diesen garantiert nicht schmelzenden Schneemann. So richtig echt sieht er aber natürlich erst mit einem dürren Ast unter dem Arm aus.
Bringen Sie zuerst einige wenige Klebepunkte auf der Flasche an. An ihnen läßt sich nun gut die Watte fixieren und um das Geschenk herumziehen. Formen und pressen Sie die Watte anschließend mit den Fingern zurecht; durch Zupfen erreichen Sie etwas mehr Körperfülle. Den Schal aus dem Stückchen Stoff müssen Sie recht fest ziehen, um den Hals zu markieren und so dem Kopf die passende Rundung zu geben.
Der Hut aus schwarzem Papier sieht sehr pfiffig aus, wenn er leicht schräg aufgesetzt wird.

Kaminkehrer

Die Vorlage für den „Kaminkehrer" finden Sie auf Seite 60.

Viele ausgefallene Verpackungsideen lassen sich mit Versandröhren aus Pappe leicht aber effektvoll verwirklichen.
Kürzen Sie zuerst die Versandrolle mit einem scharfen Messer auf die für Ihr Geschenk erforderliche Größe. Bekleben Sie sie anschließend rundherum mit schwarzem Tonpapier oder Zeichenkarton. Schneiden Sie aus orangefarbenem oder rosa Papier nun die Gesichtsform aus, und kleben Sie Mund und Wimpern auf. Schneiden Sie aus schwarzem Karton einen Ring für die Hutkrempe aus, dessen Innendurchmesser dem Durchmesser der Versandröhre entspricht, und ziehen Sie diese Krempe bis zur Oberkante des Gesichtsfeldes über die Rolle.
Als nächstes fertigen Sie die Arme aus schwarzem Karton, wobei Sie die Hände in der Farbe des Gesichts bekleben. Wenn Sie die Arme am Körper befestigt haben, schneiden Sie die Gürtelschnalle und die Hemd- und Ärmelknöpfe aus goldfarbenem Papier aus. Kleben Sie zuerst alle Knöpfe auf die entsprechenden Stellen. Mit der Gürtelschnalle und einem Streifen leuchtendrotem Papier umkleiden Sie dann die Figur in der Mitte. Kleben Sie den Gürtel hinter dem Rücken zusammen. Aus Resten des roten Papiers werden die Verzierungen am Ärmel gemacht.
Ein weißer Streifen Papier am Hals deutet den Hemdkragen an, auf den die rote Schleife aufgeklebt wird. Die Leiter sollte aus stärkerem Karton hergestellt werden.

Nikolaus

Viele nette Verpackungen lassen sich ganz einfach aus leeren Schuhkartons herstellen. Falls Ihr Karton zu viele unschöne bedruckte Stellen aufweist, müssen Sie diese mit stärkerem Zeichenpapier bekleben. Achten Sie darauf, daß das Papier dick genug ist, damit nichts von der Schrift auf dem Päckchen durchscheint. Übertragen Sie die Vorzeichnung aus dem Buch mit Hilfe von Pergament- und Blaupapier vorsichtig auf den Deckel. Malen Sie anschließend die einzelnen Felder mit einfachen Wasserfarben, wie Sie in der Schule benutzt werden, aus. Wenn die Farben getrocknet sind, fixieren Sie Ihr Bild mit Haarspray, damit die Farben nicht verlaufen, wenn Sie zum Schluß die Konturen der Zeichnung mit einem Glitzerstift in Silber nachziehen. Das gibt dem Ganzen die besondere, winterlich frostige Note.

Mein Tip **Bemalen Sie ein Geschenk immer erst nach dem Einschlagen, damit die Farbe nicht abblättert.**

Die Vorlage für den „Nikolaus“ finden Sie auf Seite 61.

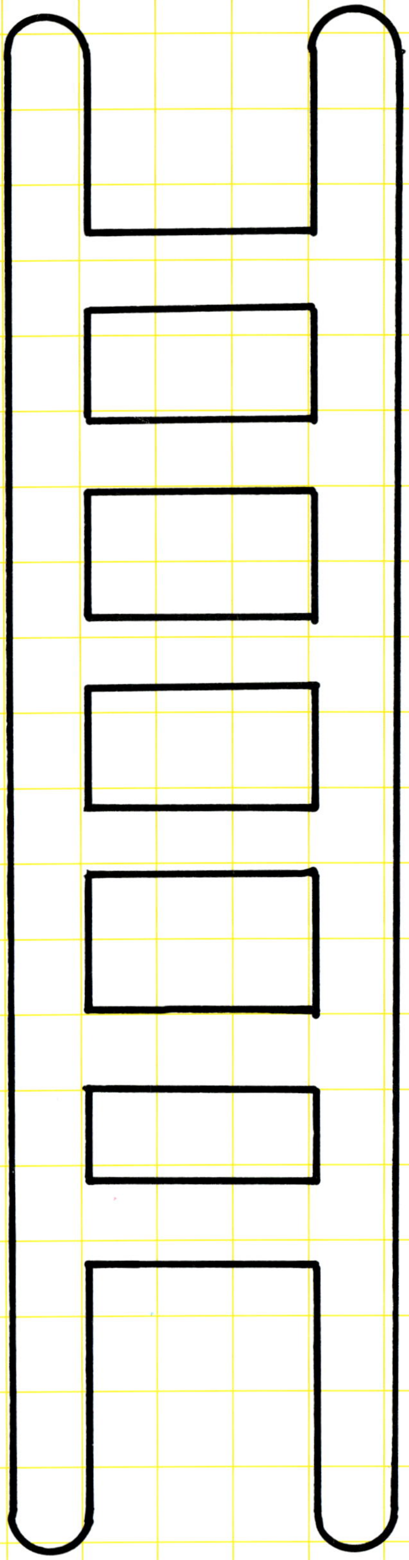

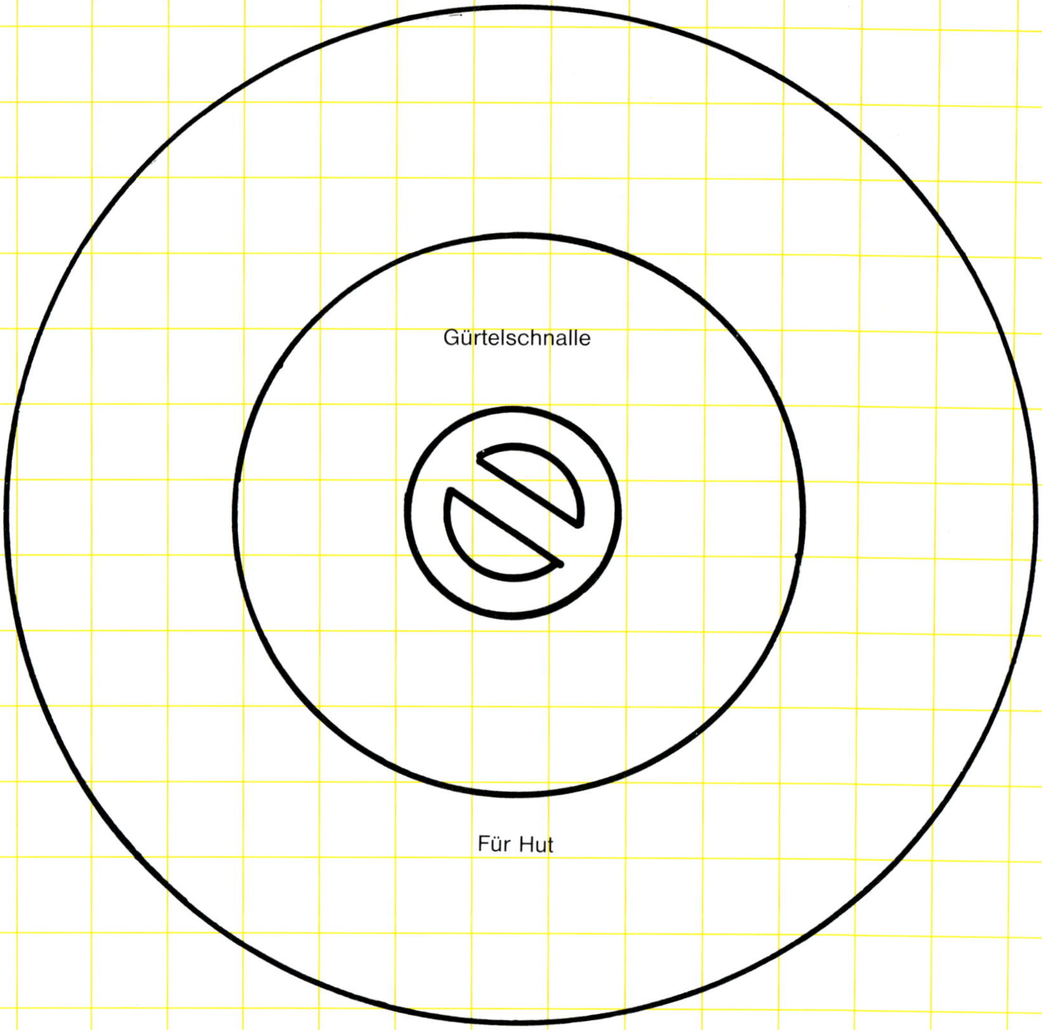
Gürtelschnalle
Für Hut

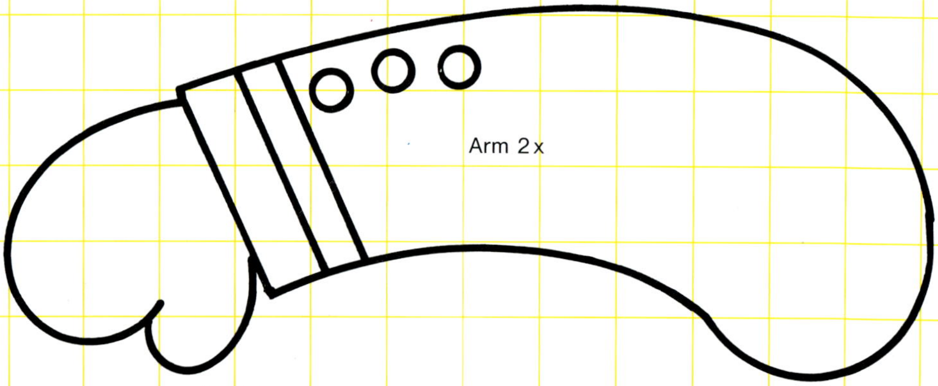
Arm 2 x

Sternsinger

Dieser bezaubernde Weihnachtsengel läßt sich denkbar einfach nacharbeiten. Seine festliche Stimmung rührt von der Harmonie her, die der dunkle Hintergrund mit der glitzernden Zeichnung eingeht.
Pausen Sie zuerst die Vorzeichnung der gegenüberliegenden Seite durch, und übertragen Sie sie auf das schwarze Tonpapier.
Die Zeichnung wird nun rasch mit Flüssigkleber nachgezogen und mit einer ausreichend großen Menge losem Glitter bestreut.
Nach etwa fünf bis zehn Minuten ist der Klebstoff durchgetrocknet, und Sie können das restliche Glitzerpulver abschütteln. Zurück bleibt ein sehr reizvolles Motiv, das auch nach dem Auspacken gewiß noch weitere Verwendung finden wird. Mit ein wenig Übung können Sie sicherlich bald selbst die unterschiedlichsten Bilder auf Ihre Geschenke zaubern.
Mit etwas Geduld können Sie auch zweifarbige Motive gestalten. Sie müssen dazu nur verschiedenfarbige Glitterpulver verwenden.

Die Vorlage für den „Sternsinger“ finden Sie auf Seite 62.

Blumenromantik

Seit nicht allzu langer Zeit ist ein interessantes, vielseitig einsetzbares Material im Handel – die Papierschnur. Bei der Vielzahl der Anwendungsmöglichkeiten empfiehlt es sich, gleich einen größeren Vorrat anzulegen. Stimmen Sie darum die Farben schon gleich beim Einkauf aufeinander ab.

Zum Einschlagen des Päckchens drehen Sie zwei Schnüre vorsichtig auf und kleben sie unsichtbar mit doppelseitigem Klebeband flächendeckend auf dem Paket fest. Eine weitere Schnur teilen Sie nun in drei ungleiche Stücke und formen daraus durch teilweises Aufdrehen nach Ihrem Geschmack drei Blüten. Orientieren Sie sich, wenn nötig, an Blumenbildern aus dem Lexikon.

Die langen Stiele der Blüten legen Sie in Schleifen und befestigen sie mit etwas Doppelklebeband auf dem Geschenk.

Natürlich hängt die Farbauswahl von Ihrem ganz persönlichen Geschmack ab, doch einfarbig wirkt dieses Arrangement immer noch am besten.

Eigentlich besteht die kunstvolle Verpackungscollage rechts nur aus Resten, die sich im Laufe der Zeit ansammeln. Selbst leicht beschädigte Gegenstände lassen sich verwenden, wenn Sie Fehler geschickt kaschieren.

Beginnen Sie mit dem Einschlagen in Tonpapier. Ordnen Sie dann die Tortenspitze so an, daß sie weit über die Ecke des Päckchens hinausragt. Schneiden Sie dann einen Rest Silberfolie in Blattform zu, und ritzen Sie von der Rückseite her Linien für die Adern ein. Bringen Sie das Blatt anschließend zusammen mit der kleinen Maske auf der Tortenspitze an.

Zum Schluß drapieren Sie alle weiteren Gegenstände entsprechend um dieses Grundarrangement herum. Achten Sie dabei aber immer auf die Harmonie der Farben.

Mein Tip **Natürlich müssen Sie nicht warten, bis sich genau diese Reste angesammelt haben. Diese Komposition soll Ihnen eine Anregung sein, eigene Ideen mit Hilfe der Materialcollage umzusetzen.**

Für das Blumenmotiv benötigen Sie drei Packungen Papierschnur.

Ganz was Neues

Mit dem Hut...

Fertigen Sie zuerst die zylindrische Grundform aus mittelstarkem Karton an. Bekleben Sie das obere Drittel mit rotem Papier, das Sie etwas überstehen lassen. Den Überstand knicken Sie zur Innenseite hin ab, anschließend kleben Sie eine passende Deckplatte auf diesen Falz.
Schneiden Sie nun die Hutkrempe zweimal aus, kleben Sie beide Teile aufeinander, damit das Papier mehr Festigkeit bekommt, und zeichnen Sie den Durchmesser der Grundform auf die Krempe. Nachdem Sie ein entsprechendes Loch in die Krempe geschnitten haben, können Sie sie über den „Kopf" ziehen. Fertigen Sie nach der Beschreibung auf Seite 109 die Hutkappe an, und setzen Sie sie auf die Krempe, die Sie durch Biegen in die richtige Form bekommen.
Für die stilisierten Haare verwenden Sie am besten schwarzes Tonpapier, das Sie hinten am Kopf festkleben und nach vorne hin in schwingenden Haarspitzen auslaufen lassen.
Basteln Sie nun eine Schleife nach der Anleitung auf Seite 114, und befestigen Sie sie seitlich am Hut. Ein kleiner Federbusch in der passenden Farbe gibt dem Ganzen die gewisse Leichtigkeit.

Diese lustigen Hüte eignen sich wegen ihrer bunten Farben gut für überraschende Silvestergeschenke.

in der Hand

Die Hutverpackung läßt sich natürlich noch variieren. Fertigen Sie dazu wieder eine zylindrische Grundform an, in der sich Ihr Mitbringsel verstauen läßt.
Dekorieren Sie diese Grundform nun mit einem farblich zum späteren Hut passenden Kragen aus Tonpapier, kleben Sie Augen und Mund auf, und kräuseln Sie mit der Schere eine große Menge Dekoband, aus dem Sie die Lockenperücke gestalten.
Die Hutkrempe schneiden Sie wie auf Seite 68 beschrieben zurecht und dekorieren sie mit einer Blume aus dem gleichen Papier. Nach der Anleitung auf Seite 109 arbeiten Sie dann die Hutkappe, die Sie an der Krempe mit dem Tacker festmachen. Verwenden Sie ein Papier mit Blumenmuster, da die gesamte Dekoration auf Blütenformen ausgelegt ist. Nun können Sie den fertigen Hut über den „Kopf" ziehen. Zum Abschluß darf, wer mag, die Dame mit Hut noch mit einer Perlenschnur schmücken.

Mein Tip **Stimmen Sie gerade bei lebendigen Blumenmustern alle verwendeten Farben aufeinander ab.**

Hinweise zu runden Verpackungen finden Sie auf Seite 108/109.

Noch ein Hut

Die Grundform ist die gleiche wie auf den vorangegangenen Seiten. Schneiden Sie aus starkem Karton eine Hutkrempe aus, und bekleben Sie sie von beiden Seiten mit rotem Seidenpapier. Fertigen Sie nun aus dem gleichen Material ungefähr zehn oder zwanzig Papierrosen, und befestigen Sie sie mit dem Tacker gut geordnet auf der Hutkrempe. Danach fassen Sie die ganze Krempe lose mit rotem Tüll ein. Schneiden Sie anschließend einige Meter Goldband in gleich lange Stücke. Ziehen Sie dann mit der Schere Locken, und fixieren Sie die Streifen mit dem Tacker oben an der Grundform.

Bekleben Sie die untere Hälfte des Kopfes mit rotem Seidenpapier und dekorieren sie mit einer besonders schönen Papierrose. Dann raffen Sie Spitze an der Oberkante des roten Kragens zusammen und tackern sie fest. Ganz zum Schluß werden Mund und Augen aufgebracht.

Die Anleitung für Papierrosen finden Sie auf Seite 116.

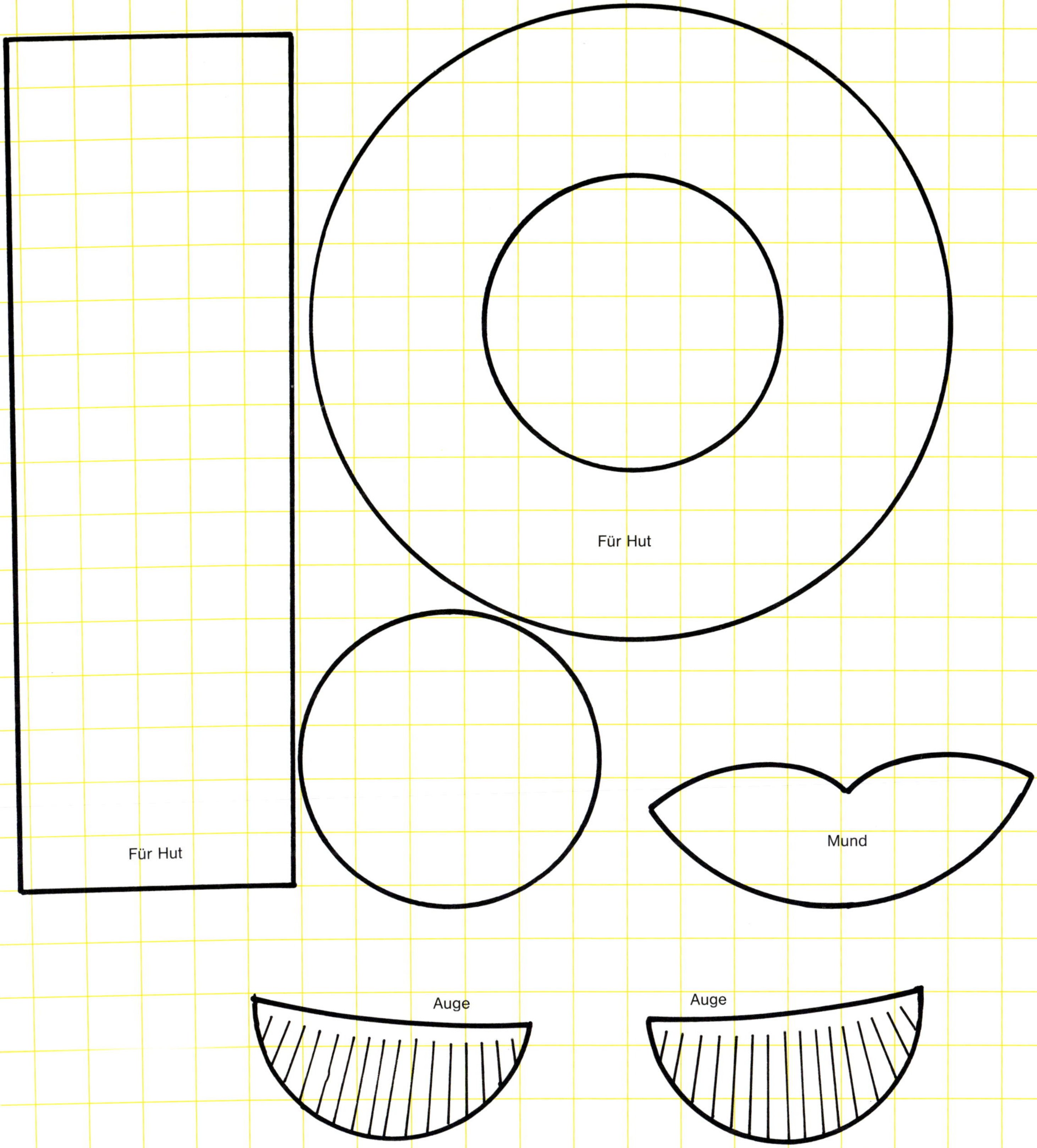
Für Hut
Für Hut
Mund
Auge
Auge

Bleistift

Für den Bleistift benötigen Sie Tonpapier und Tonkarton.

Diese Verpackung ermöglicht Ihnen eine ganz individuelle Farbwahl, die Sie der jeweiligen Gelegenheit, zu der Sie Ihr Präsent verpacken, anpassen können.
Die Grundform läßt sich auf zwei verschiedene Arten herstellen: Sie können sich eine Versandrolle aus Pappe entsprechend zurechtschneiden oder die Röhre aus festem Karton selbst anfertigen. Zuerst verkleiden Sie die Rolle mit farbigem Tonpapier. Bringen Sie dann waagerechte Streifen am oberen und unteren Ende an, damit die Form etwas mehr Struktur bekommt.
Die Bleistiftspitze drehen Sie aus einem bis zum Mittelpunkt eingeschnittenen Kreis aus farblich abgestimmtem Tonpapier. Achten Sie aber darauf, daß der Kegel genau auf den Schaft des Stiftes paßt. Die schwarze Spitze stellen Sie auf die gleiche Weise aus einem kleinen Rest Tonpapier her.

Mein Tip **Besonders originell wirkt es, den Namen des Beschenkten als „Markenname" auf den Stift zu schreiben.**

Pinguin

Auch dieser lustige Pinguin ist schneller und einfacher herzustellen, als es auf den ersten Blick scheint. Alles, was Sie für den Anfang brauchen, ist eine Versandrolle aus Pappe, in der Sie Ihr Geschenk verstauen können.
Schneiden Sie die Rolle zuerst auf die richtige Länge zurecht. Bekleben Sie sie dann ringsherum mit schwarzem Tonpapier, wobei die Nahtstelle auf dem späteren Rücken zu liegen kommt. Übertragen Sie nun Kopf, Flügel, Schwanz und Füße von der Vorlage auf Seite 74/75 auf schwarzes Tonpapier. Gestalten Sie dann den Kopf zusätzlich mit farbigem Papier. Schneiden Sie die einzelnen Teile aus, und befestigen Sie sie mit Doppelklebeband an den dafür vorgesehenen Stellen.
Aus dem Filz schneiden Sie sich anschließend den Schal zurecht. Vergessen Sie aber nicht die Fransen an den Enden. Legen Sie dem Pinguin jetzt den fertigen Schal mit einem lockeren Knoten um den Hals.
Bevor Sie den Vogel auf seine Füße stellen, müssen Sie das Geschenk von unten her in die Verpackung einführen. Danach können Sie die Fußplatte festkleben.

Mein Tip **Muntern Sie einen Grippekranken auf, indem Sie dem Pinguin ein Fieberthermometer aus Zeichenkarton in den Schnabel stecken.**

Die Vorlagen für den „Pinguin“ finden Sie auf Seite 74/75.

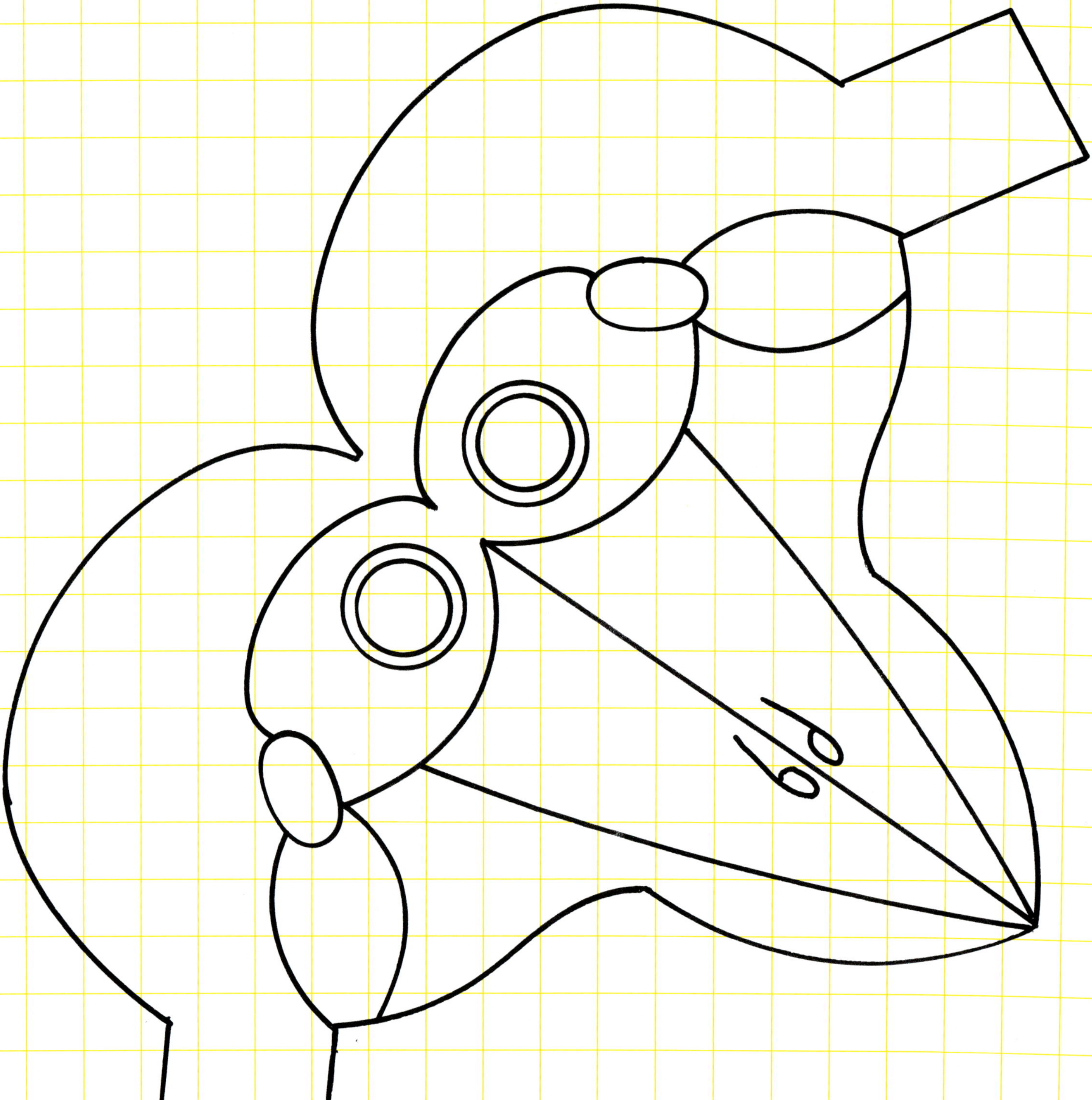

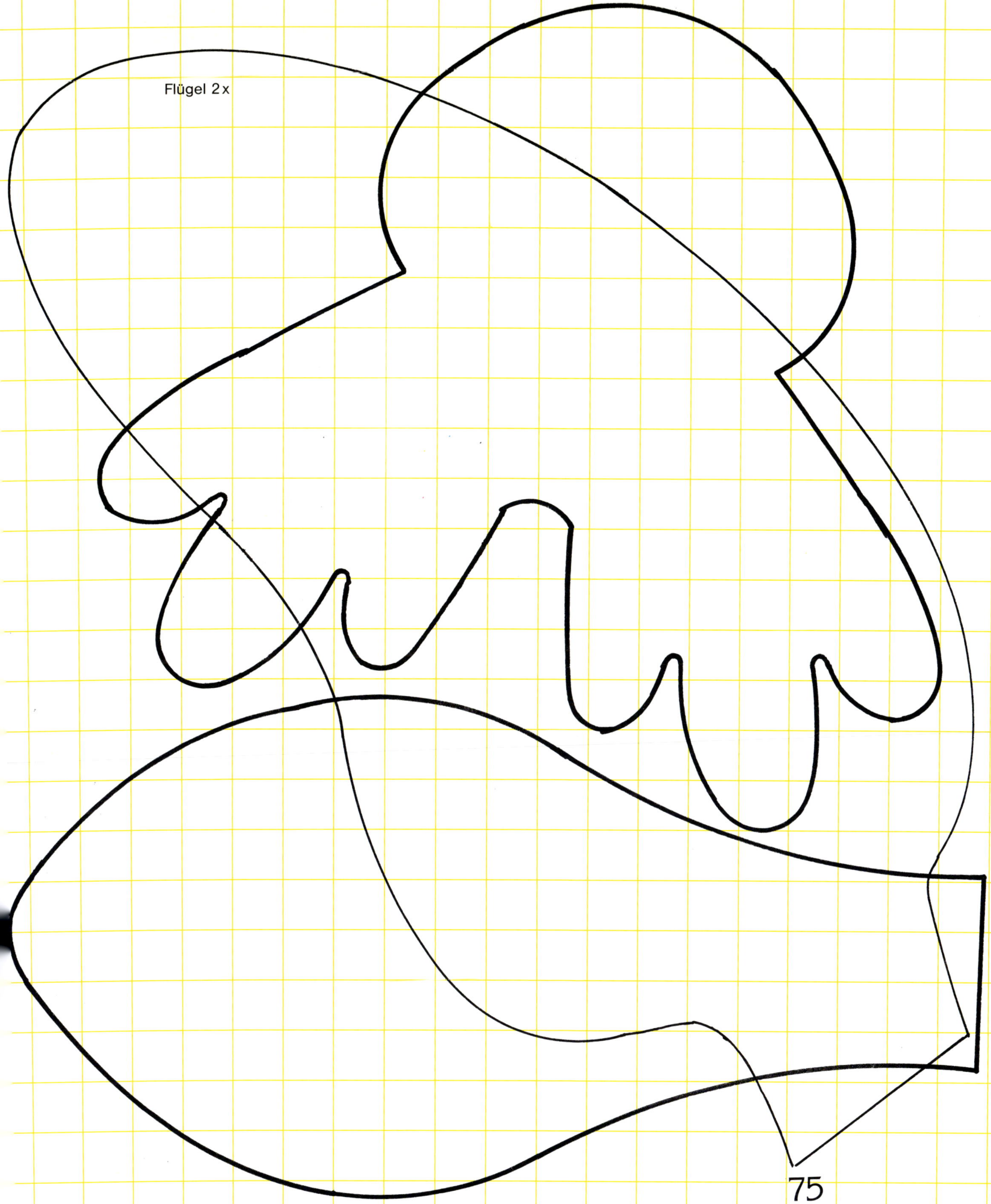
Flügel 2 x

Ein runder Geburtstag

Schneiden Sie genügend große Papierreste zu recht spitzen Blättern zu, und zeichnen Sie mit goldfarbenem Glitter aus der Tube sorgfältig die Ränder nach. Wenn die Größe der Blätter es zuläßt, können Sie auch noch Blattrippen aufmalen.
Während der Glitter trocknet, schlagen Sie das Päckchen in schwarzes Papier ein.
Kneifen Sie die Blätter nun am unteren Ende etwas zusammen, und setzen Sie dann immer ein Blatt so auf das andere, daß die gekniffiten Enden alle aufeinander liegen.
Achten Sie darauf, daß der Klebstoff ausreichend durchgetrocknet ist, damit das Glitterpulver beim Falzen der Blätter nicht abfällt.
Klammern Sie schließlich alles zusammen fest, und befestigen Sie das Arrangement mit doppelseitigem Klebeband auf der Oberseite des Päckchens.
Fertigen Sie jetzt eine Schleife nach dem Schema auf Seite 112 an. Verwenden Sie dafür zweierlei Band: Goldfarbenes und schwarzgrundiertes, das ein feines Goldmuster haben sollte. Die Schleife drapieren Sie nun so, daß sie die Heftklammern, mit denen die Blätter befestigt sind, verdeckt.
Einige Stücke des Dekobandes, das Sie bereits für die Schleife verwendet haben, lassen Sie nun unten um das Geschenk herum laufen.
Zum Abschluß kleben Sie noch eine Prägeziffer auf das Zentrum Ihrer Komposition, die dem Präsent eine würdevolle Note verleiht.

Hemdbrust

Verpacken im Hemdstil ist unwahrscheinlich modern.
Eine Art, Ihr Geschenk im wahrsten Sinne des Wortes einzukleiden, möchte ich Ihnen hier vorstellen.
Das Streifenmuster des Geschenkpapiers kommt der Gestaltung dieser Art von Verpackung sehr entgegen. Schlagen Sie zuerst das Päckchen so ein, daß die Streifen parallel zu den Kanten des Pakets verlaufen. Für den angedeuteten Kragen nehmen Sie einen zweiten Bogen Geschenkpapier und falten ein großes gleichschenkeliges Dreieck, dessen Basis etwa zwei mal so breit ist wie das Geschenkpäckchen. Das Dreieck müssen Sie allerdings doppelt falten, da Vorder- und Rückseite sichtbar werden.
Knicken Sie zuerst einen etwa zwei Zentimeter breiten Streifen an der Basis ab. Legen Sie die äußeren Zipfel nun so auf die Spitze des Dreiecks, daß der entstehende „Kragen" weder rechts noch links über das Paket hinausragt. Kleben Sie nun die Spitzen und den gesamten Kragen auf dem Päckchen fest.
Die restliche Gestaltung bleibt Ihrer eigenen Phantasie überlassen; ob Sie nun echte Knöpfe verwenden, oder ob Sie Knöpfe und Schleife aus Karton ausschneiden, den Sie mit Klebstoff bestreichen und mit Glitter bestreuen, entscheidet allein Ihr persönlicher Geschmack.

Mein Tip **Bei dieser Verpackung würde sich auch ein schön gemusterter Stoff gut eignen.**

Das Hemd wird aus zwei Bogen Papier gefertigt.

Aus Küche...

In Form und Material rustikal, können diese Verpackungen bereits Hinweise auf ihren Inhalt geben, und man erahnt schon die schmackhaften Zutaten für ein Essen in fröhlicher Runde, erlesene Gewürze oder ein lekkeres Betthupferl.

Falten Sie ein längliches kleinkariertes Stück Stoff oder ein hübsch gemustertes Küchenhandtuch in der Mitte, und nähen Sie die halbierten Längsseiten zusammen, so daß ein Sack entsteht. Wenden Sie das Ganze, und schlagen Sie den oberen Rand breit nach innen. Nachdem Sie Ihr Geschenk im Säckchen verstaut haben, verschnüren Sie dies am oberen Drittel und dekorieren mit einer hübschen Schleife. Wenn Sie einen Kochlöffel durch das Band stecken, können Sie auf ihm noch den Namen des Beschenkten oder einen Glückwunsch anbringen. Mit kleinen selbstklebenden Gewürzschildchen läßt sich das Dekor auflockern.

Für Geschenke wie selbstgemachte Marmelade oder eingelegte Früchte ist der Apfel, der sich leicht aus etwas Stoff herstellen läßt, wohl genau die richtige Verpackung. Schneiden Sie zuerst ein Stück roten, dehnbaren Stoff kreisrund zu, und setzen Sie das Geschenk in die Mitte. Legen Sie nun den Rand in Falten, und binden Sie ihn über dem Präsent mit festem Zwirn oder Blumendraht zusammen. Schneiden Sie aus grünem Filz drei Blätter in der passenden Größe zurecht, und bringen Sie sie oben an der Verpackung an. Zum Schluß drehen Sie aus einem kleinen Stück schwarzem Papier den Stiel, den Sie in die Öffnung auf dem Apfel zwischen die Blätter stecken und mit etwas Klebstoff fixieren.

Geschenke lassen sich natürlich auch mit Stoffen gut verpacken.

und Garten

Dieser Frühlingsgarten ist zwar mit Bändern, aber ohne Schleifen gestaltet. Das ist gerade dann interessant, wenn Sie einmal nicht genügend Dekoband zur Hand haben, um voluminöse Schleifen anzulegen.
Voraussetzung ist allerdings, daß Sie über ein Papier verfügen, dessen Farbe und Muster sich für solch ein Gartenbild eignen. Schlagen Sie zuerst das Päckchen in dieses Papier ein, und schneiden Sie dann das Band in mehrere gleich lange Stücke, die Sie oben wie Zaunlatten anspitzen. Kleben Sie diese Latten nun in regelmäßigen Abständen auf, indem Sie erst einen Streifen in die Mitte legen, dann wieder je einen in die Mitte der Teilfelder und so weiter, bis das Paket bedeckt ist. Legen Sie abschließend zwei längere Bänder waagerecht über den „Zaun".
Kleben Sie ein paar kleine Papier- oder Plastikblüten auf, um dem Ganzen eine frühlingshafte, frische Note zu verleihen.

Für diese Verpackung benötigen Sie nicht einmal einen Meter Band.

Flaschenpost

Die Vorlagen für das Flaschenpaar finden Sie auf Seite 82/83.

Gerade bei Flaschen und anderen schlanken Geschenken kann man der Phantasie freien Lauf lassen. Diese Beispiele zeigen zwei auf unterschiedliche Art und Weise gestaltete Verpackungen, mit gleichermaßen großer Wirkung.
Das Päckchen auf dieser Seite ist ohne viel Beiwerk nur mit grünem Tonpapier und grüner Japanserviette gestaltet worden. Nachdem Sie das Geschenk in Tonpapier eingeschlagen haben, schneiden Sie einige Blätter aus der Serviette aus und ordnen sie über den Rand hinaus an. Drehen Sie dann drei Rosen aus dem Japanpapier nach der Anleitung auf Seite 116, und fügen Sie sie hinzu. Den Abschluß bildet ein leicht gekräuseltes grünes Band.

Weiches Japanpapier eignet sich gut zur Darstellung floraler Formen.

Die Verpackungen auf der gegenüberliegenden Seite lassen sich recht leicht und ohne viel Übung herstellen, auch wenn sie sehr detailreich gestaltet sind.
Beginnen Sie damit, daß Sie mit Flüssigkleber je eine kleine Styroporkugel auf den Flaschenhals kleben. Hüllen Sie dann die gesamte Flasche unterhalb der Kugel mit einem Bogen Filz in der Grundfarbe – rot oder blau – ein, und kleben Sie die Kanten mit doppelseitigem Klebeband zusammen.
Für die männliche Figur schneiden Sie nun den Mantel aus einem Stück fliederfarbenem Filz nach der Vorlage auf Seite 82/83 aus und kleben ihn auf die Flasche. Den Kragen müssen Sie nur leicht umbiegen. Unter dem Kragen befestigen Sie jetzt die Ärmel, die Sie dann so miteinander verbinden, daß sie leicht einen Geschenkanhänger in Form eines Buchs oder einer Zeitung halten können. Fliege, Gesicht, Haare und Hut lassen sich leicht aus farbigen Filzresten anfertigen und an der Figur anbringen.
Nachdem Sie die kleinere Flasche in ein Stück Filz eingehüllt haben, fertigen Sie ein Schultertuch nach der Vorlage auf Seite 82/83, das sich leicht an der Figur befestigen läßt. Unter dem Tuch kleben Sie die Arme an, die wie bei der großen Figur einen Geschenkanhänger halten sollen. Schneiden Sie nun aus Filzresten Haare, Kopftuch und die anderen Dekorationselemente aus, und kleben Sie sie auf die Verpackung auf.

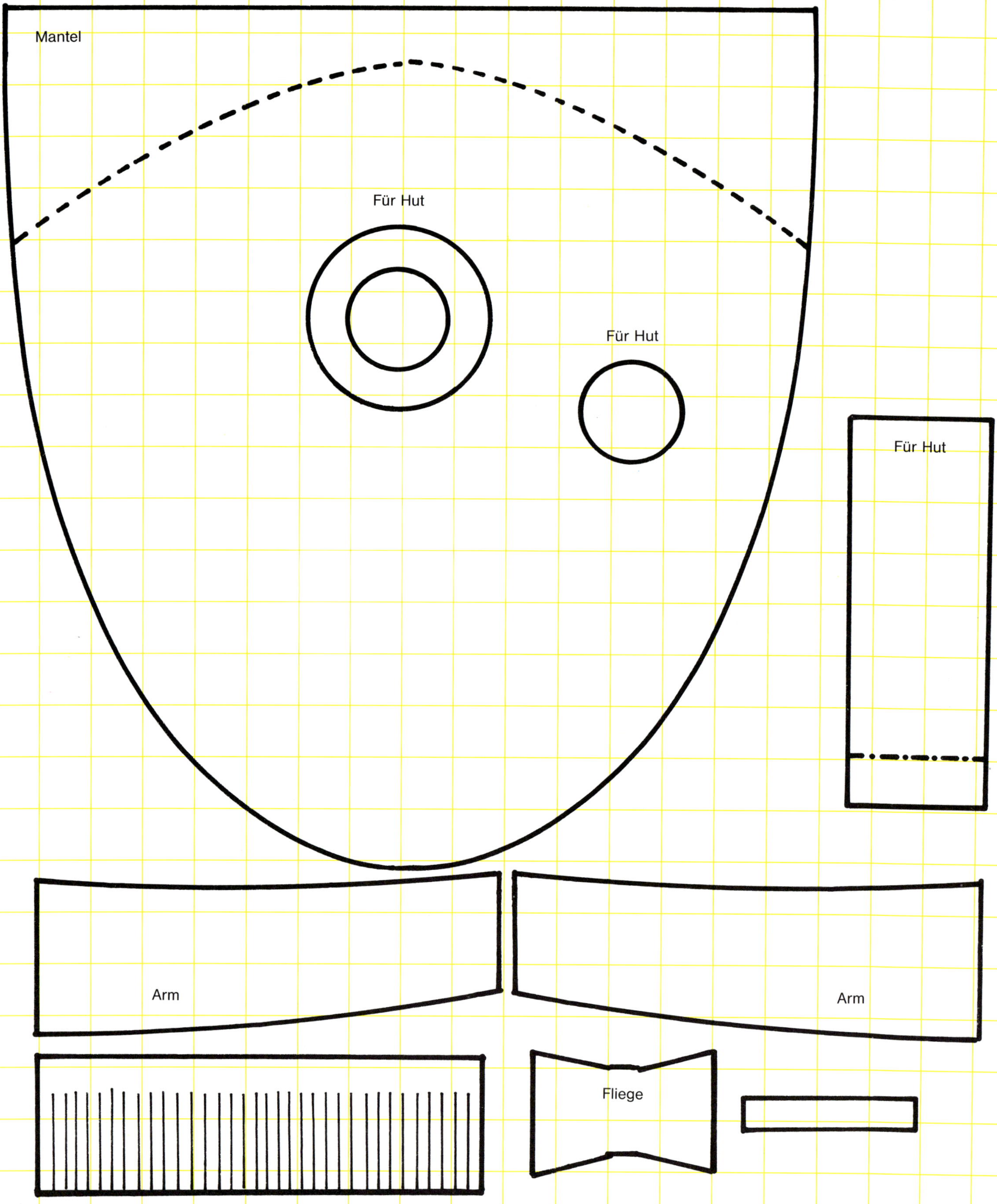
Mantel
Für Hut
Für Hut
Für Hut
Arm
Arm
Fliege

Arm 2 x

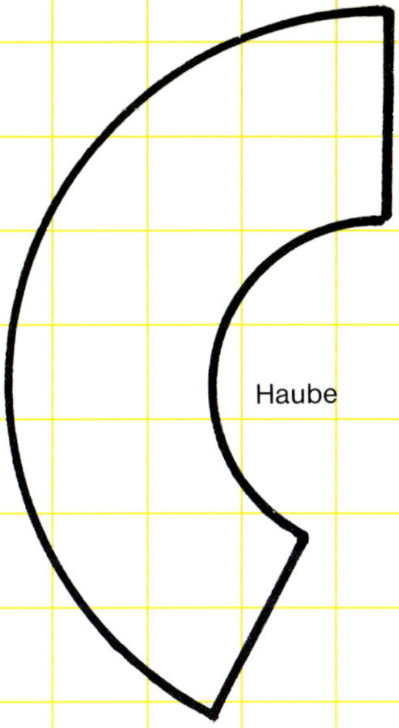
Haube

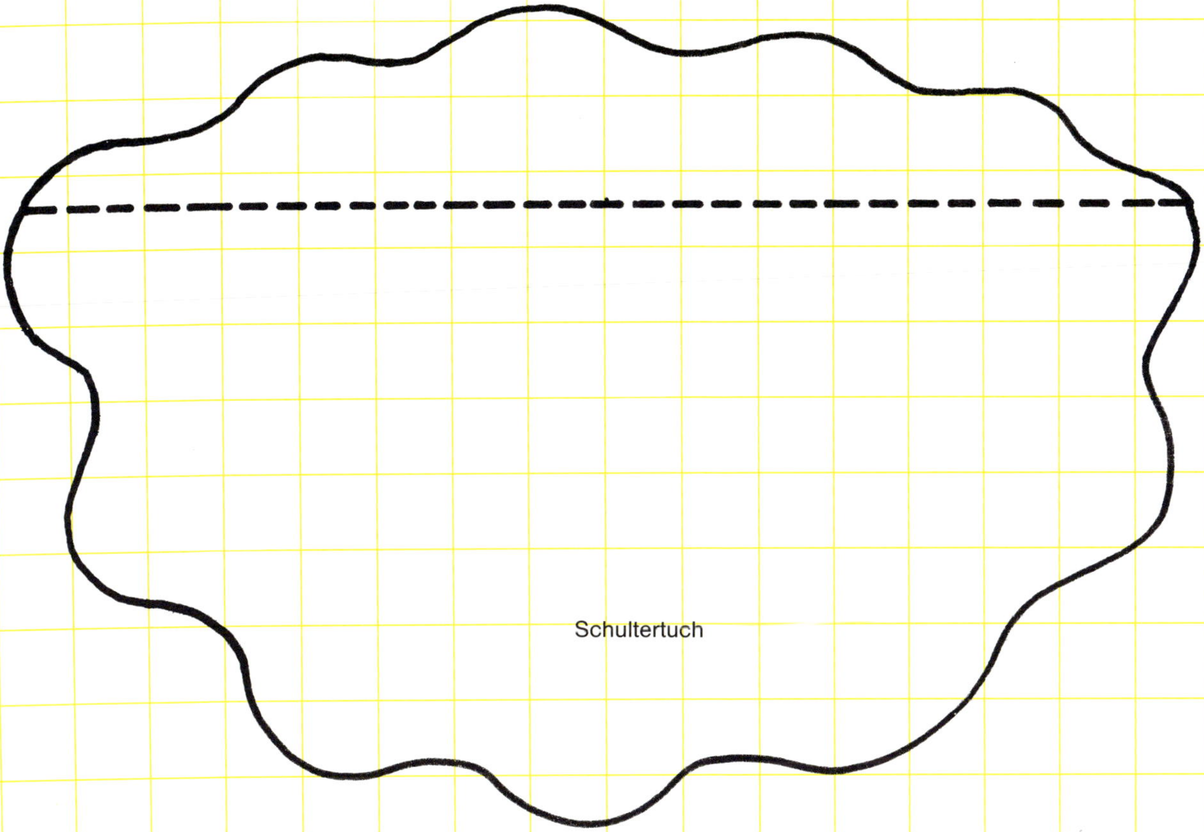
Schultertuch

Jetzt geh ich...

Fertigen Sie zunächst Zylinder und Schirm an. Drehen Sie dazu eine röhrenförmige Hutform aus stärkerem Zeichenkarton. Überziehen Sie die Form mit schwarzem Lackpapier, kleben Sie Deckel und Krempe an, und dekorieren Sie die Form mit einem roten Band und einer kleinen Feder.
Den Schirm stellen Sie ganz einfach aus einem Bogen schwarzem Lackpapier her, den Sie fächerförmig falten. Drehen Sie daraus eine kegelförmige Röhre, die Sie am spitzen Ende fest mit einer Kappe aus Lackpapier einfassen. Zum Schluß schieben Sie noch ein mit rotem Papier beklebtes Rundholz hinein, an dem Sie die Spitze des Schirms befestigen.
Für die eigentliche Verpackung falten Sie zuerst einen normalen weißen Bogen Papier mehrmals so in der Mitte, daß es wie die Knopfleiste eines Smokinghemds aussieht. Kleben Sie die Falten auf der Rückseite gut fest, und schlagen Sie nun das Geschenk in dieses Papier ein. Nehmen Sie für den zweiten Einschlag das schwarze Lackpapier doppelt.
Wenn Sie das Päckchen einschlagen, dann lassen Sie oben keinen Überstand zum Umschlagen stehen, denn hier soll ja der Kragen gefaltet werden. Fixieren Sie die Falten des Kragenaufschlags unsichtbar mit etwas Doppelklebeband. Vervollständigen Sie die Jackenimitation durch Aufkleben einer kleinen Tasche, die Sie mit Spitze und einer roten Seidenblume dekorieren.

Mindestens drei Bogen schwarzes Lackpapier benötigen Sie für diese Verpackung.

ins Maxim

Elefant...

und Seelöwe

Wenn Sie die richtige Verpakkung für den Kindergeburtstag suchen, sind diese beiden lustigen Zirkustiere bestimmt eine gelungene Überraschung.
Um den Elefanten recht lebendig zu gestalten, verwenden Sie am besten Tonpapier in zwei verschiedenen Grautönen. Die Maße der einzelnen Verpakkungsteile hängen von der Größe des Geschenks ab. Beginnen Sie darum mit der Spitztüte, die Sie um das Präsent herum drehen und die den Leib des Elefanten darstellt. Der Körper und die Beine sollten übrigens dunkler als Kopf und Rüssel sein.
Drehen Sie als nächstes Röhren für die beiden Beine, schneiden Sie entsprechende Schlitze in den Rumpf, schieben Sie die Beine hindurch, und kleben Sie sie von hinten mit Klebestreifen fest. Dann übertragen Sie die Form des Kopfes von der Vorlage auf Seite 88/89 auf Tonpapier und schneiden sie aus. Kleben Sie nun Augen und Stoßzähne an, und setzen Sie den Kopf auf den Körper.
Der Seelöwe basiert auf der gleichen Grundform wie der Elefant. Drehen Sie auch hier einen Trichter um das Geschenk und dann einen entsprechend großen Kegel für den Kopf. Schneiden Sie nun die Flossen je zweimal aus, kleben Sie je zwei Teile zusammen, und setzen Sie sie an den Körper an. Kräuseln Sie die Fransen für Bart und Haarschopf mit der Schere leicht an, und kleben Sie sie und die Augen aus Papier am Kopf des Seelöwen an.

Die Vorlage für den Elefanten finden Sie auf Seite 88/89.

Die Vorlage für den Seelöwen finden Sie auf Seite 118.

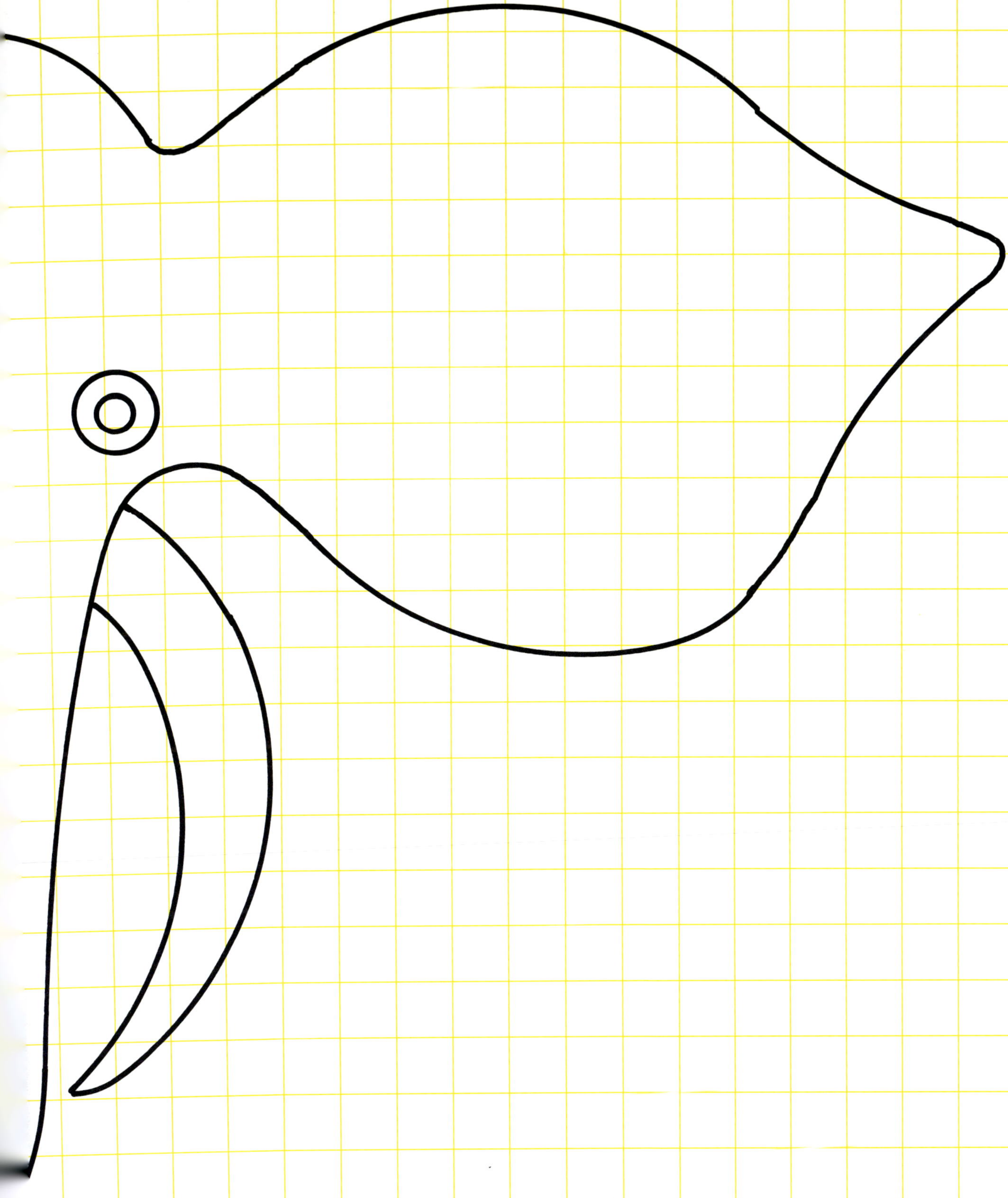

Für Hut

Clown

Schneiden Sie eine Versandröhre aus Pappe zurecht, oder drehen Sie sich aus starkem Zeichenkarton selbst eine entsprechende Röhre, die Sie mit einem Boden versehen.
Aus Resten von Silber- und Goldfolie schneiden Sie Streifen, aus denen Sie über der Schere Locken ziehen. Befestigen Sie die Haare mit dem Takker am oberen Rand des Kopfes, wobei über den Bereich des späteren Gesichts nur sehr kurze Locken kommen. Die Halskrause stellen Sie aus breitem Dekoband her, das Sie in regelmäßigen Abständen „gerafft" am unteren Rand der Grundform ankleben.
Gestalten Sie jetzt das Gesicht aus rotem und schwarzem Tonpapier. Schneiden Sie dafür die Formen nach der Vorlage auf der gegenüberliegenden Seite aus.
Drehen Sie nun eine Tüte für die Mütze, und kleben Sie diese zusammen. Der Durchmesser am unteren Rand sollte etwas größer sein als der Durchmesser der Grundform für den Kopf. Falls Sie kein so schönes Papier mit weißen Punkten bekommen, können Sie es leicht selbst anfertigen, indem Sie die fertige Tüte aus rotem Papier mit kleinen runden Klebeetiketten versehen. Zum Schluß bringen Sie dann noch etwas gekräuseltes Dekoband auf der Mützenspitze an.
Legen Sie nun Ihr Präsent in den Kopf, und setzen Sie dann die Mütze darauf, die Sie, falls nötig, mit etwas doppelseitigem Klebeband fixieren.

Bonbon

Eine ideale Verpackung für Geschenke mit einer ungewöhnlichen Form ist dieses Riesenbonbon, das sich darüber hinaus sehr leicht herstellen läßt.
Aus einem Bogen Folienpapier gestalten Sie das Bonbon selbst. Wickeln Sie Ihr Präsent lose darin ein, kleben Sie die Längskanten an ein, zwei Stellen überlappend aufeinander, und binden Sie die Enden mit farblich abgestimmtem Polyband zu. Nun dekorieren Sie die Bonbonhülle mit gekräuseltem Dekoband und Folienpapier. Binden Sie dazu viele rechteckige Folienstücke zu Schleifen und mit dem Kräuselband wie einen Drachenschwanz aneinander, und befestigen Sie diesen am Überraschungsbonbon. Wie viele dieser Schleifenketten Sie verwenden, hängt letztlich von der Größe der gesamten Verpackung ab.
Raffen Sie nun ein größeres Stück Folienpapier am unteren Ende zusammen, und ziehen Sie die offene Seite auseinander. Dekorieren Sie das Rund mit Streifen aus farblich passendem Dekoband, das Sie mit der Schere an den Enden leicht kräuseln, und befestigen Sie die gesamte Dekoration auf dem Geschenk. Hier ist auch der ideale Platz für einen Glückwunsch oder einen einfachen Geschenkanhänger.

Mein Tip **Wenn Sie den großen Bogen Folienpapier vor dem Einhüllen des Geschenks entlang der Mitte mit einem Messerrücken leicht anritzen, läßt sich die Verpackung wie ein Überraschungsbonbon mit einem Ruck auseinanderziehen.**

Eine Variante dieser Verpackungsart finden Sie auf Seite 108 beschrieben.

Schleifenzauber

Ein ganz bezauberndes Wirrwarr für alle möglichen Gelegenheiten ist dieser Dschungel aus verschiedenen Farben, Formen und Mustern. Diese Art der Dekoration eignet sich vor allem für den Fall, daß Sie einmal mehrere Geschenke verpacken müssen, die Sie zwar alle ähnlich, aber trotzdem individuell gestalten wollen.
Beginnen Sie mit der Grundverpackung aus silbernem Folienpapier. So ist der Grund einerseits neutral, andererseits reflektiert er die Farben der einzelnen Dekorationselemente. Setzen Sie anschließend die Bänder und Schleifen auf. Dabei sind Ihrer Phantasie keinerlei Grenzen gesetzt.
Auf einem Grund aus verschiedenfarbigen Lochbändern arrangieren Sie beispielsweise eine Rose aus Folienpapier, die nach der Anleitung auf Seite 116 hergestellt wurde. Umspinnen Sie nun die Lochfolie mit bunten Dekobändern, die Sie über der Schere gekräuselt haben. Auch ein Drachenschwanz aus Folienpapier und Polyband läßt sich in dieser Komposition gut unterbringen.

Mein Tip **Auch wenn das Durcheinander in Ihrem „Schleifendschungel“ noch so groß ist, sollten alle Farben aufeinander abgestimmt sein.**

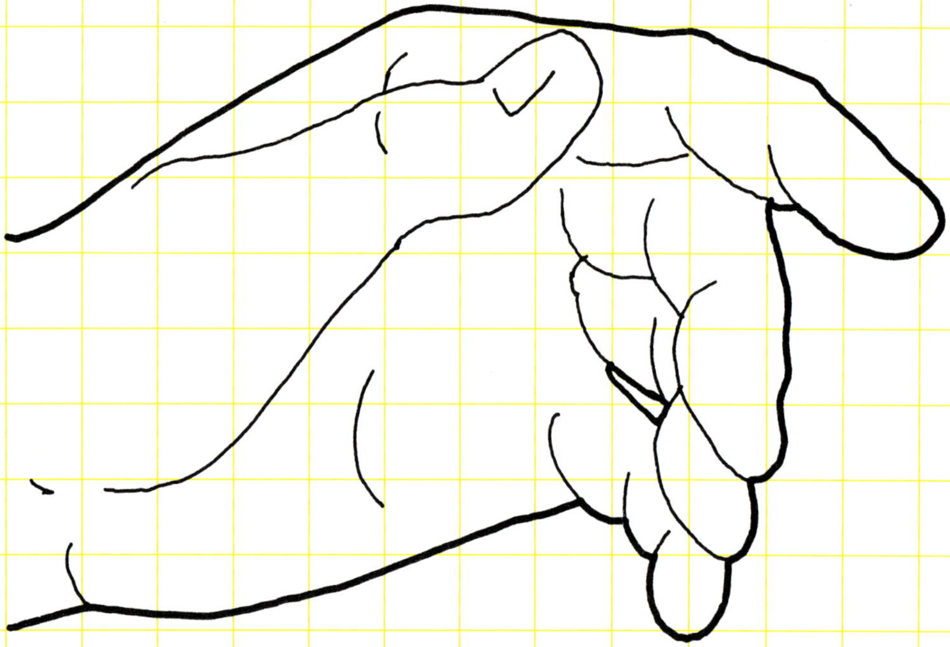

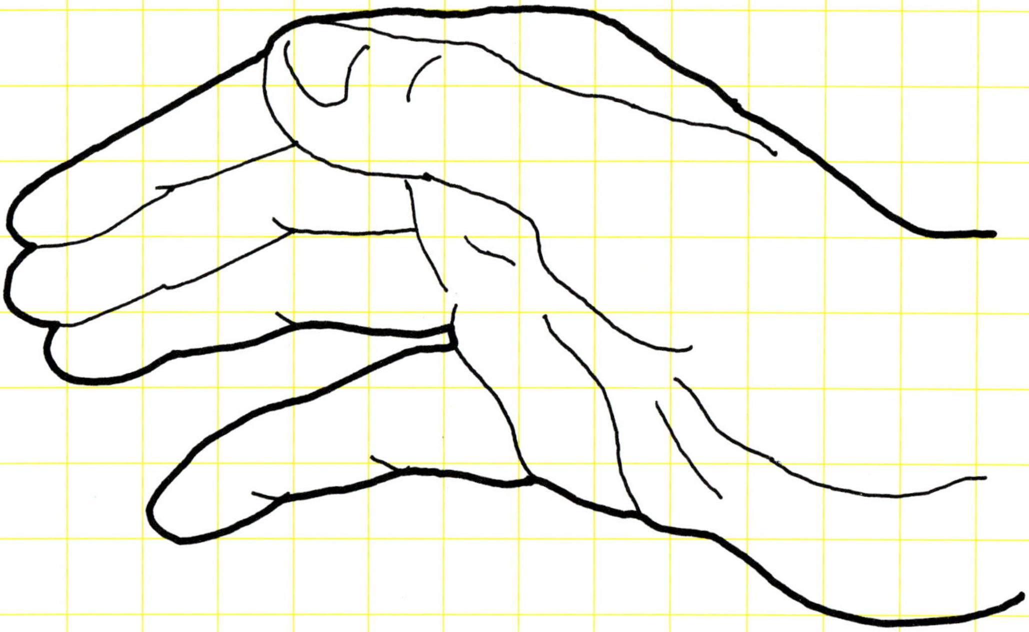

Hand und Fuß

Diese Verpackungsidee läßt sich schnell und ohne großen Aufwand realisieren. Reichen Sie so auf originelle Weise die Hand zur Versöhnung, oder sagen Sie: „Hand drauf!"
Schlagen Sie zuerst das Päckchen in ein zartgemustertes, am besten dünn gestreiftes Papier ein. Wählen Sie dann die Form der Hand aus, die Sie an den Proportionen der Verpackung orientieren sollten. Sie können dazu eine der Vorlagen auf der linken Seite verwenden, oder aber einfach den Umriß Ihrer eigenen Hand nachzeichnen. Achten Sie dabei darauf, daß Sie den Strich möglichst dicht an den Fingern entlang ziehen. Schneiden Sie die Hand anschließend aus farblich auf das Einschlagpapier abgestimmtem Tonkarton aus, und kleben Sie sie so auf, daß nur der Handballen wirklich fest ist. Wenn die Finger etwas beweglich bleiben, können Sie sie lose von einer Perlenschnur umspielen lassen, was zusammen mit ein wenig weißer Spitze sehr reizvoll aussieht.

Ob Sie der Hand eine Binnenzeichnung geben, also Fingernägel und Falten aufmalen, hängt von Ihrem persönlichen Geschmack und der Form der Hand ab. Es muß allerdings nicht immer eine Hand sein, auch ein Fuß kann eine sehr witzige Dekoration abgeben.

Mein Tip **Auch wenn Sie Ihre eigene Hand als Vorlage verwenden, sollten Sie zuerst eine Schablone anfertigen.**

Die Vorlagen für „Hand und Fuß" finden Sie auf Seite 94.

Phantasievolle Objekte

Zur Pyramide beachten Sie auch Seite 108.

Ein Material, an das man beim Verpacken eigentlich zuerst denken sollte, ist das Packpapier. Denn auch aus diesem auf den ersten Blick eher langweiligen Stoff läßt sich mit ein wenig Phantasie ein kleines Kunstwerk gestalten.
Schlagen Sie zuerst das Päckchen in braunes Packpapier ein, und falten Sie dann aus dem gleichen Material einen Fächer nach der Anleitung auf Seite 115. Variieren Sie die Fächerform, indem Sie die Enden der Segmente spitz zuschneiden. Das ergibt dann beim Auseinanderfalten einen schönen Zakkenrand. Kleben Sie den kreisförmigen Fächer nun auf das Paket, und dekorieren Sie ihn in der Mitte mit grün oder braun kariertem Geschenkband und Locken aus gekräuselten Überbleibseln von Doppelklebeband.

Ein bißchen Geduld brauchen Sie schon, um ein Geschenk in dieser ungewöhnlichen Pyramidenform zu verpacken, doch wird sich die Mühe sicher lohnen.
Schneiden Sie zuerst die Teile der Pyramide aus festem Zeichenkarton aus. Sie benötigen eine quadratische Grundfläche und vier gleichseitige Dreiecke. Kleben Sie die Dreiecke mit ausreichend Klebeband an der Grundplatte an. Drehen Sie das Ganze um, und bekleben Sie die Außenseite mit einem Geschenkpapier Ihrer Wahl. In die Spitzen der vier Dreiecke stanzen Sie dann mit einem Bürolocher je ein kleines Loch. Stellen Sie nun Ihr Geschenk auf das Quadrat, klappen Sie die Seitenflächen hoch, und verschließen Sie das Geschenk, indem Sie ein gekräuseltes Dekoband durch alle vier Löcher ziehen und verknoten. Zum Abschluß dekorieren Sie die Spitze mit einer farblich zur gesamten Komposition passenden Tüllschleife.

Relativ wertloses Material wie Packpapier wird durch ansprechende Gestaltung aufgewertet.

Mein Tip **Bei einer so klaren geometrischen Form ist es sicherlich reizvoll, das Dekor des Geschenkpapiers auf den Inhalt der Pyramide abzustimmen.**

filmkunst
DEUTSCHES THEATER
A NIGHT AT THE COTTON CLUB
Theater im Fraunhofer
Theater 44
Theater Die Kleine Freiheit

Und die Reste

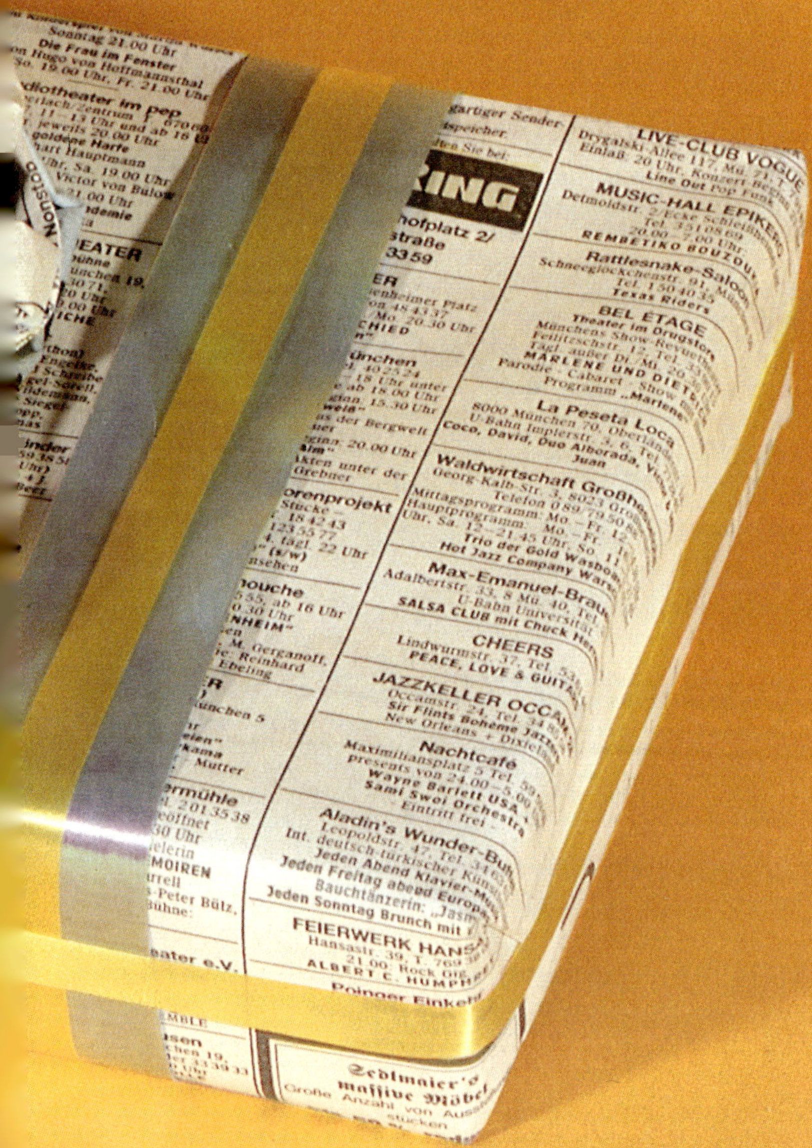

Das Neueste

Die Abbildung zu „Das Neueste“ finden Sie auf Seite 98/99.

Das Problem, ein Geschenk in letzter Minute zu verpacken, kurz nachdem man festgestellt hat, daß man eigentlich nur wenig oder gar kein Material im Haus hat, ist einfacher zu meistern, als es scheint. Denn eine alte Zeitung liegt bestimmt irgendwo herum.
Wählen Sie aus dem Ihnen zur Verfügung stehenden Papier eine möglichst große glatte Stelle aus. Schlagen Sie das Geschenk nun in die Zeitung ein, indem Sie die Oberseite mit der glatten Fläche bedecken. Mit Resten bunten Dekobands verzieren Sie das Päckchen nun möglichst asymmetrisch, da Sie so nicht auf eine bestimmte Menge Band angewiesen sind. Abschließend drehen Sie aus Zeitungspapierstreifen einige Rosen nach der Anleitung auf Seite 116 und bringen diese auf der Oberseite des Geschenks an.
Sie können solch eine Verpackung aus Zeitungspapier natürlich auch von langer Hand vorbereiten. So haben Sie die Möglichkeit, Schlagzeilen, die einen Bezug zum Geschenk haben könnten, zu sammeln.

Mein Tip **Sie sollten bei der Auswahl des Papiers für die Oberseite darauf achten, daß keine Abbildungen auf der Zeitung zu sehen sind.**

Schwungvolles aus Federn

Natürliche Materialien wie die Federn auf der rechten Seite haben immer eine besondere Wirkung.

Einer Verpackung muß man noch lange nicht ansehen, daß sie ausschließlich aus Resten gestaltet wurde. Wenn Sie bei den verwendeten Materialien auf ein gutes Zusammenspiel der Farben achten, können Sie die unterschiedlichsten Reste verwerten. Das Arrangement auf der gegenüberliegenden Seite wird beispielsweise von den Farben Gelb und Blau dominiert.
Schlagen Sie zuerst das Päckchen in das Papier mit dem Grundton ein. Spannen Sie dann einen Rest Lackfolie in einer harmonierenden Farbe diagonal über das Paket, befestigen Sie den Streifen auf der Rückseite, und formen Sie am oberen Ende eine Schleife. Fixieren Sie nun ein paar Federn in Richtung der Diagonalen auf der Schleife, und verdecken Sie die Klebestelle abschließend mit einem farbigen Punkt aus Tonkarton.

Mein Tip **Verwahren Sie anfallende Reste gut, am besten schon gleich nach Farbe und Material geordnet. So haben Sie immer einen Vorrat für spontane Ideen griffbereit.**

Aus Resten …

Für den Rest eines Bogens groß und bunt gemusterten Papiers ist dieser Verpackungsvorschlag gedacht.
Schlagen Sie das Päckchen so ein, daß möglichst viele Farben auf der Vorderseite sichtbar werden. Wählen Sie nun unter Ihren Resten einige Stücke Lackpapier aus, die die wichtigsten Farben des Einschlagpapiers wiederholen, und falten Sie kleine Schleifen oder Schmetterlinge nach dem Schema auf Seite 114. Setzen Sie die Schleifen mit doppelseitigem Klebeband auf die Punkte im Papier, die mit der jeweiligen Schleifenfarbe korrespondieren.
Haben Sie nicht genügend Lackpapier zur Hand, sollten Sie durchgehend Tonpapier oder ein vergleichbares Material verwenden.

Hier lautet das Motto: je bunter, desto besser.

und schön

Es müssen nicht gleich teure Geschenkpapiere und Schleifen sein, die ein Geschenk kostbar verpackt aussehen lassen. Kombinieren Sie bei der Resteverwertung auch einmal Materialien, die scheinbar nicht zueinander passen.
Diese Verpackung eignet sich gut für den Fall, daß Sie keinen ganzen Bogen Papier zur Verfügung haben, in dem Sie Ihr Präsent einschlagen können. Nehmen Sie zwei verschiedene Bogen Geschenkpapier und kleben Sie sie auf der Rückseite mit einem langen Streifen Klebefilm Kante an Kante zusammen. Schlagen Sie nun Ihr Päckchen darin ein, so daß die Trennlinie möglichst diagonal über der Vorderseite zu liegen kommt. Rollen Sie nun aus zwei weiteren Reststücken Geschenkpapier schlanke Trichter, die Sie mit Doppelklebeband auf dem Paket befestigen. Dekorieren Sie nun mit Streifen, die Sie mit der Zackenschere (oder wellenförmig mit einer normalen Schere) aus Glanzfolie ausgeschnitten haben. Stecken Sie die Streifen einfach in die Trichter hinein, und runden Sie das Ganze mit einer geometrischen Form aus Tonpapier ab.

Mein Tip **Sie können die Trichter mit allen möglichen Resten füllen; gekräuseltes Polyband und Tortenspitze sind hier nur zwei weitere Beispiele.**

Verwerten Sie für diese Verpackung die Reste, die Sie vorrätig haben.

Gestreift

Verwerten Sie für diese Verpackung die Reste, die Sie vorrätig haben.

Für diese Verpackung können Sie all die kleineren Streifen farbigen Papiers verwenden, die sich im Laufe der Zeit angesammelt haben. Dabei können Sie auf zwei verschiedene Arten vorgehen.
Sortieren Sie auf jeden Fall die in Frage kommenden Papierstreifen nach Farbtönen, so daß eine harmonische Folge entsteht. Kleben Sie nun jeweils einen Streifen von unten nach oben im Abstand von zwei bis drei Zentimetern auf Ihr Geschenkpäckchen. Für Ober- und Unterseite müssen Sie dabei von vornherein etwas größere Stücke einplanen.
Wollen Sie das Päckchen nicht durch Klebstoffspuren beschädigen, so schneiden Sie zuerst gleichmäßige Streifen zurecht, die Sie dann leicht überlappend von hinten mit Klebeband zusammenkleben. Schlagen Sie nun das Paket in dieses Patchwork-Papier ein. Der Nachteil bei dieser Methode ist, daß Sie sehr genau arbeiten, und mit recht viel Geduld bei der Sache sein müssen.
Die Oberseite des Geschenks dekorieren Sie nun mit Blütenblättern und Schleifen, die Sie aus den Resten von Lochfolien herstellen. Den krönenden Abschluß bildet eine aufgeklebte kleine Christbaumkugel.

Mein Tip **Diese Art der Verpackung eignet sich nur für kleinformatige Geschenke wie beispielsweise Parfümfläschchen.**

Im Überfluß

Eine wirklich ausladende Verpackung erhalten Sie, wenn Sie alle Ihre Dekobandreste für ein einziges Päckchen verwenden. Ein besonderer Trick ist nicht dabei, nur müssen Sie darauf achten, daß die Fülle der Bänder das Geschenk nicht plump aussehen läßt.

Schlagen Sie zuerst Ihr Geschenkpäckchen in ein Papier ein, das es von Muster und Farbe her erlaubt, mit den vielen unterschiedlichen Farbtönen dieser Komposition konfrontiert zu werden. Fassen Sie es dann im unteren Drittel mit umlaufenden Dekobändern ein.

Kräuseln Sie nun mit der Schere jede Menge Polyband, fixieren Sie die Bänder oben auf der Verpackung, und lassen Sie sie auf einer Seite dicht herunterhängen. Für ein gewisses Gleichgewicht sorgen Sie, indem Sie auf der anderen Seite Federn, ruhigere Schleifen aus Dekoband oder Tüll und kleine Glitzerkugeln anbringen.

Die Vielfalt der hier verwendeten Materialien macht den besonderen Reiz der Verpackung aus.

Mein Tip Wenn Sie die Geduld dafür aufbringen können, versuchen Sie doch, durch Aufkleben von Mustern aus Resten von Regenbogenpapier ein eigenes Geschenkpapierdekor zu gestalten.

Zu guter Letzt

Regenbogenpapier ist ein Material, bei dem es wegen der schönen Farbverläufe viel zu schade wäre, auch nur kleinste Reste wegzuwerfen. Nutzen Sie sie also für eine bunte Collage. Schlagen Sie zuerst wieder Ihr Geschenk ein, und schneiden Sie dann die Einzelteile für Ihr Bild aus den Resten zurecht. Wählen Sie dabei Farbverläufe aus, die sich gut vom Untergrund abheben. Schließlich müssen Sie die Papierstückchen nur noch mit Flüssigkleber auf das Päckchen aufbringen. Über den Rand hinausragende Motivteile wirken dabei sehr reizvoll.

Der „Restebasar" auf der gegenüberliegenden Seite eignet sich gut zum Verpacken von Geschenken, die keine klare Form besitzen, also nicht richtig eingeschlagen werden können. Umhüllen Sie das Präsent lose mit Resten von Polypapieren, und achten Sie darauf, daß sich die Ränder jeweils in ausreichender Breite überdecken. Fertigen Sie nun aus den verschiedensten Bänderresten Schleifen, fügen sie zu einer großen Schleife zusammen und befestigen diese am bereits verpackten Geschenk. Zum Schluß bringen Sie das Ganze durch Zupfen in alle Richtungen noch in die rechte Form.

Mein Tip **Die Collage aus Regenbogenpapier eignet sich ganz prima zum gemeinsamen Verpacken mit Kindern.**

Die Bildfolgen dieser Seite zeigen verschiedene Arten, runde Gegenstände und Flaschen zu verpacken.

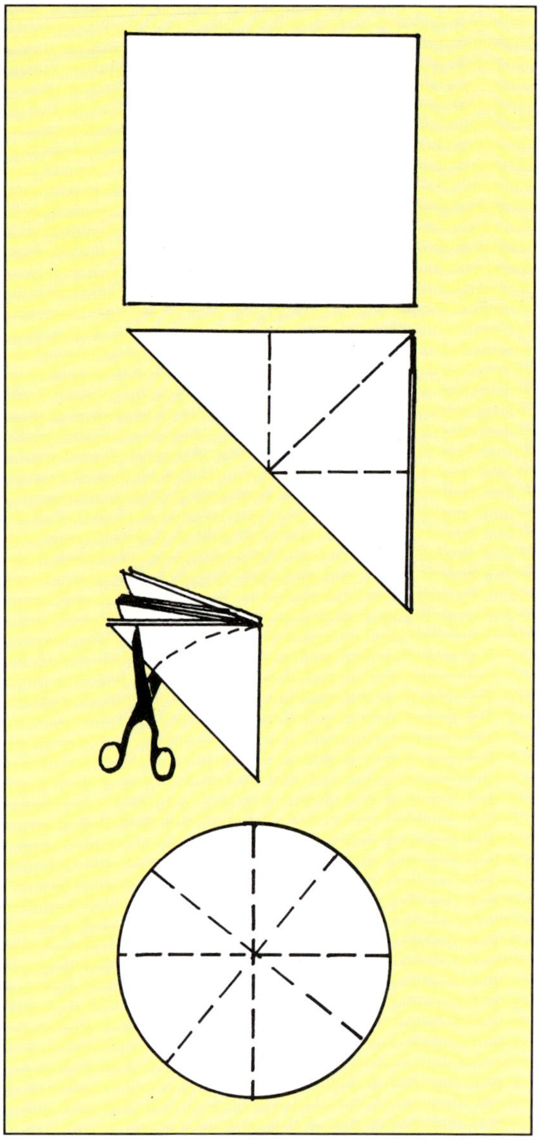

Um Flaschen sackförmig einzuhüllen, schneiden Sie aus einem mehrfach gefalteten Quadrat einen Kreis, plazieren die Flasche in der Kreismitte und binden den Rand hoch.

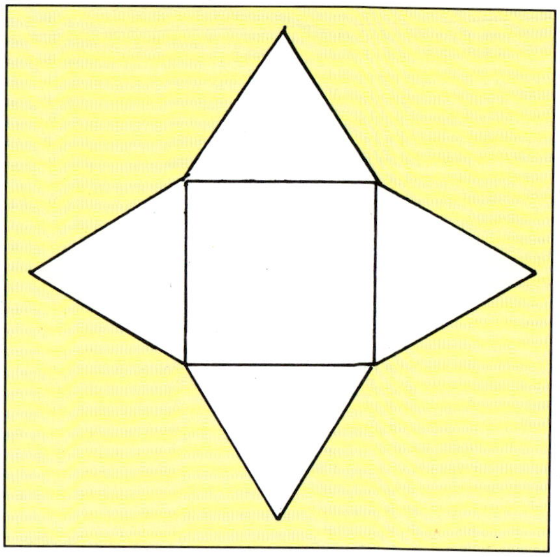

Für eine Pyramide benötigen Sie ein Quadrat und vier gleichseitige Dreiecke.

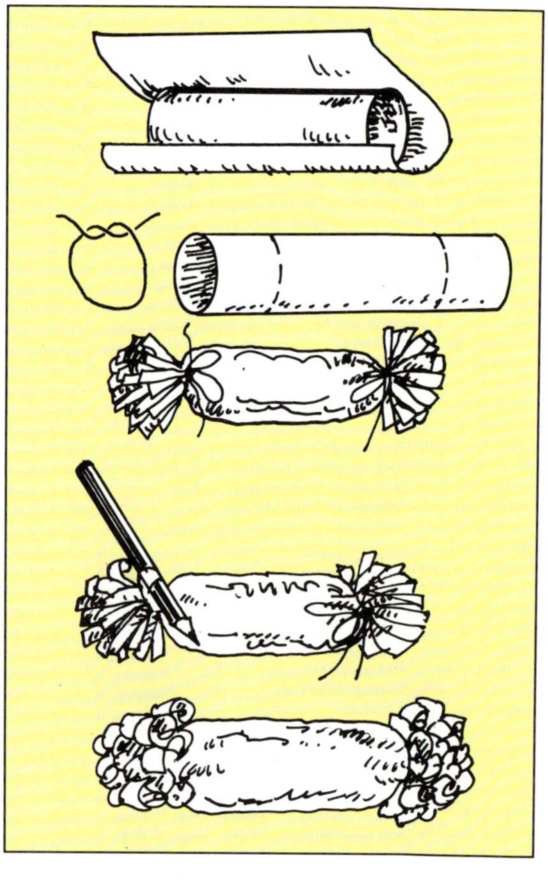

Für ein einfaches Überraschungsbonbon rollen Sie Papier über einer festen Röhre, binden die Enden ab, schneiden Fransen hinein und kräuseln diese mit einem Bleistift leicht an.

Für eine runde, dosenförmige Verpackung rollen Sie den Kern – ein Stück einer Versandröhre – mit Überstand ein und zeichnen den Umfang ab.

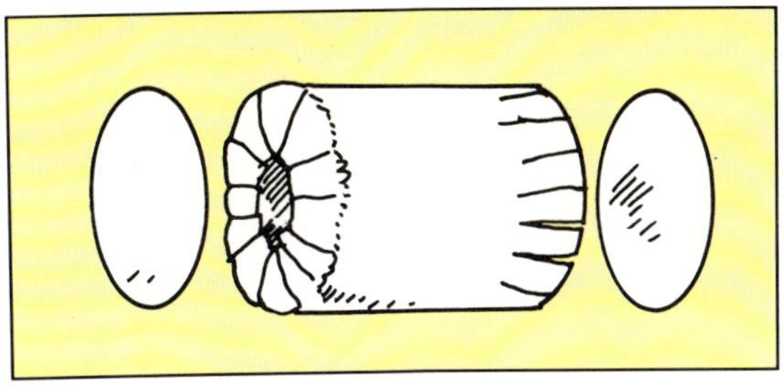

Schneiden Sie den Überstand fransig ein, knicken Sie ihn nach innen, und kleben Sie daran Deckel und Boden fest.

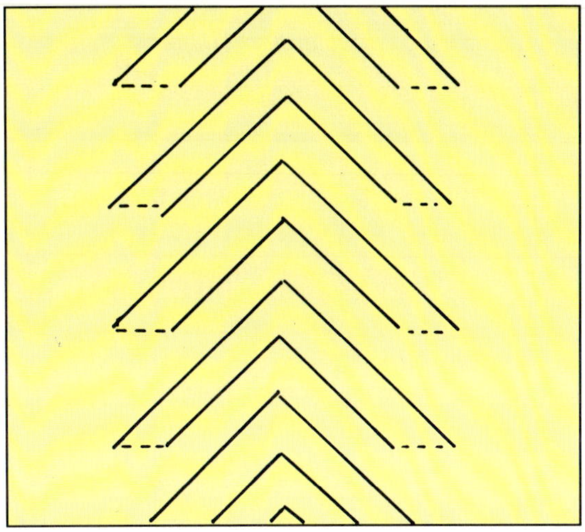

Für das Flechtmuster schneiden Sie rechte Winkel in ein bis zwei Zentimetern Abstand untereinander in das Deckpapier.

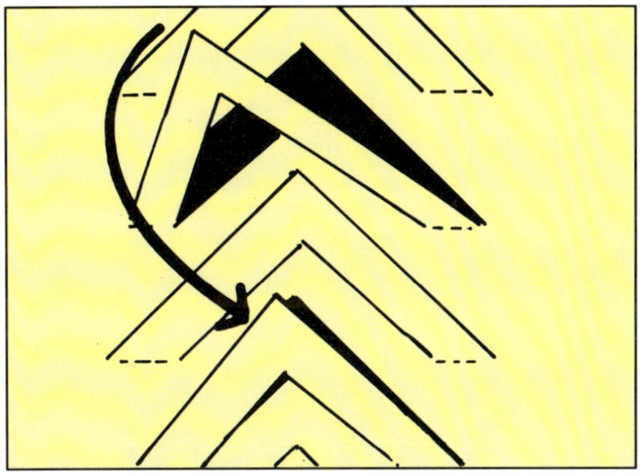

Falzen Sie jeden zweiten Winkel nach unten und schieben ihn wie auf der Zeichnung unter die Spitze des „übernächsten“.

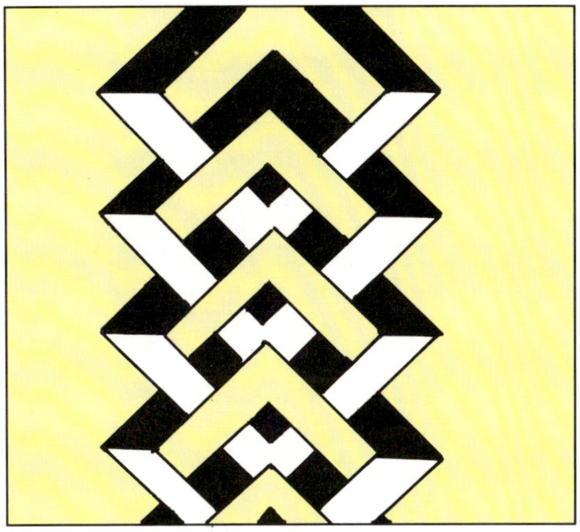

Die Bildfolgen dieser Seite zeigen, wie Dosen verpackt werden, und wie das Flechtmuster von Seite 18 hergestellt wird.

Die Bildfolge dieser Seite zeigt, wie eine große Papierschleife hergestellt wird.

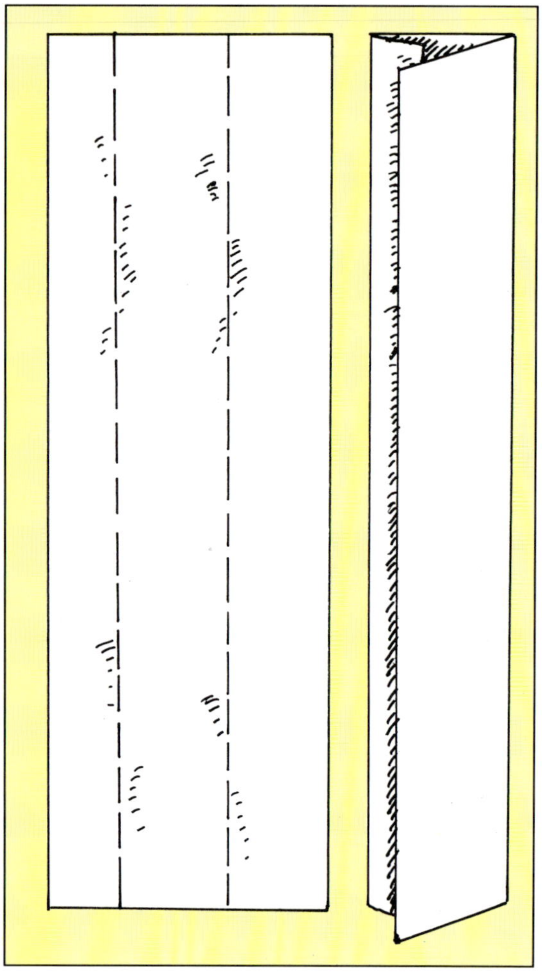

Für eine große Papierschleife kleben Sie zuerst ein entsprechend langes Band, das das Dekor des Geschenkpapiers von beiden Seiten zeigt.

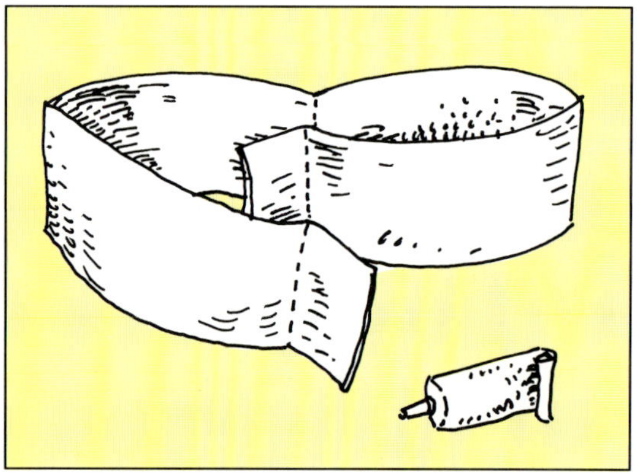

Falzen Sie das Band nun in der Mitte und legen Sie die Enden so zur Mitte, daß sie sich leicht überlappen. Kleben Sie sie dann möglichst unsichtbar fest.

Kleben Sie drei Scheiben aus festem Karton aufeinander, und hüllen Sie sie in Papier ein.

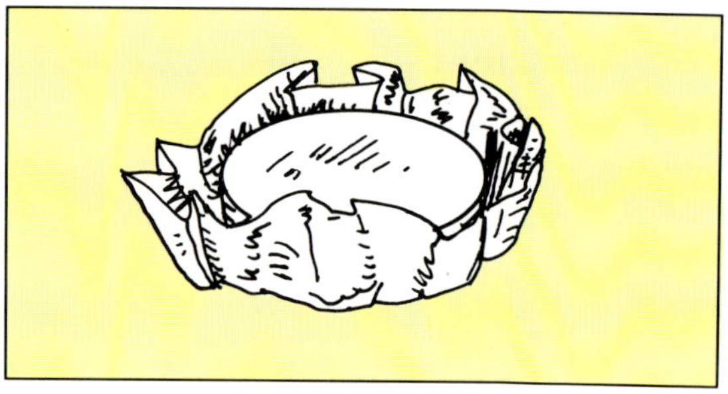

Schneiden Sie nun noch zwei Streifen Geschenkpapier an den Enden spitz zu, und arrangieren Sie das Ganze zur Schleife.

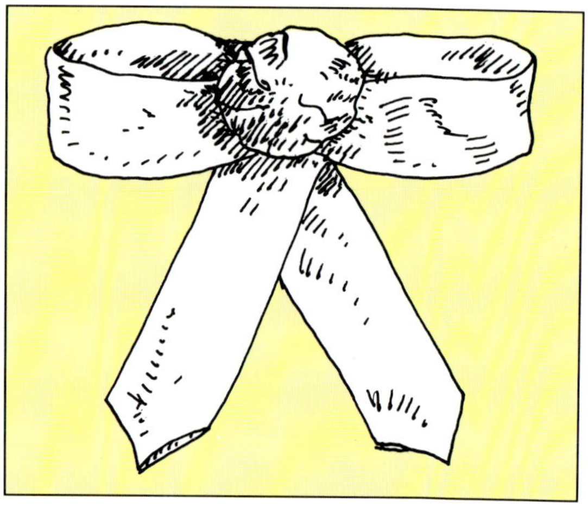

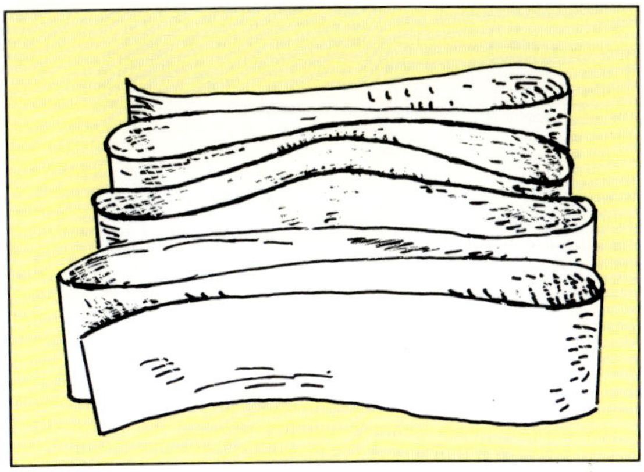

Für eine voluminöse, blumenartige Schleife legen Sie zuerst einige Lagen Papier übereinander.

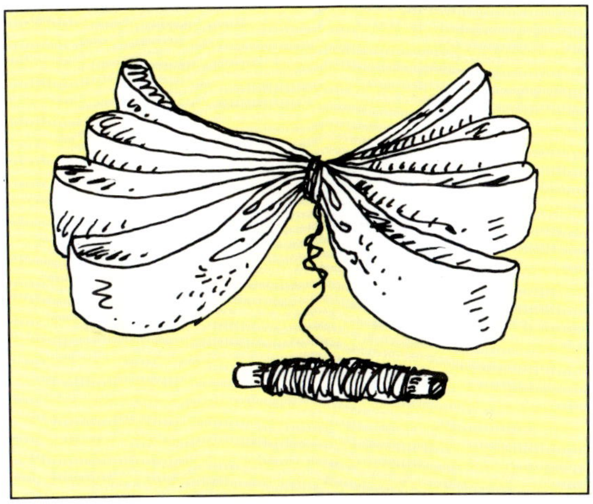

Binden Sie die Lagen in der Mitte mit Blumendraht fest zusammen.

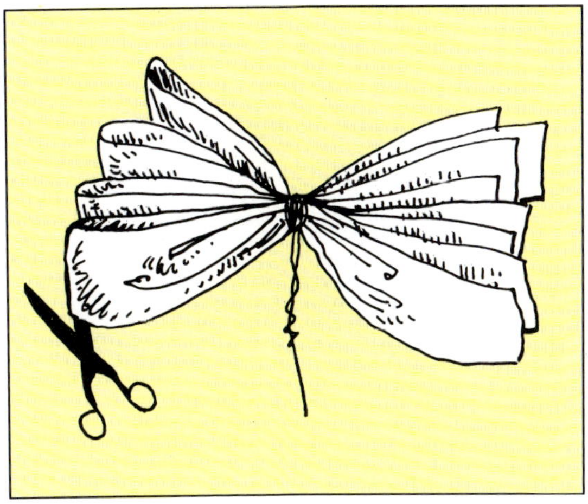

Trennen Sie die äußeren Schlaufen anschließend sorgfältig mit der Schere auf, so daß sich keine Streifen aus dem Gebinde lösen.

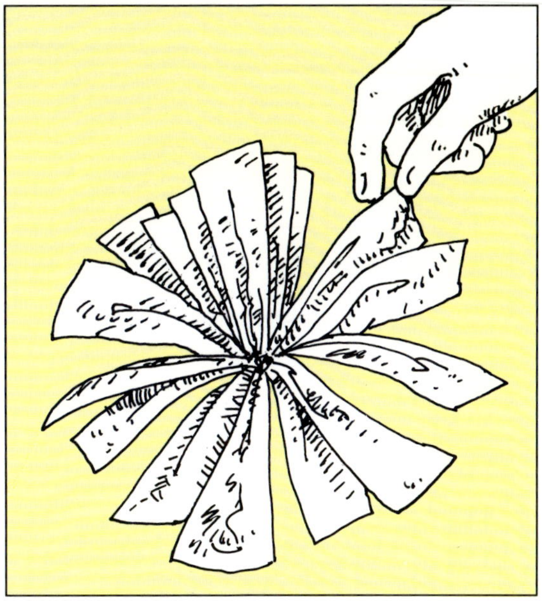

Zupfen Sie die Streifen nun so zurecht, daß eine runde Außenform entsteht.

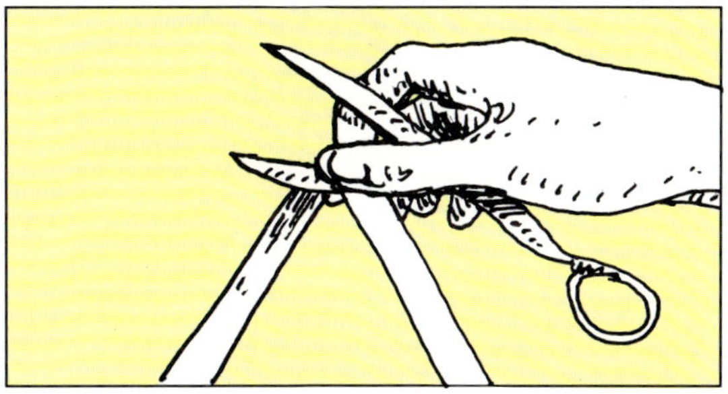

Kaschieren Sie den Blumendraht mit dem Knoten eines gekräuselten Dekobandes.

Die Bildfolge dieser Seite zeigt, wie eine bauschige Schleife hergestellt wird.

Die Bildfolge dieser Seite zeigt, wie eine voluminöse Schleife aus Lochband hergestellt wird.

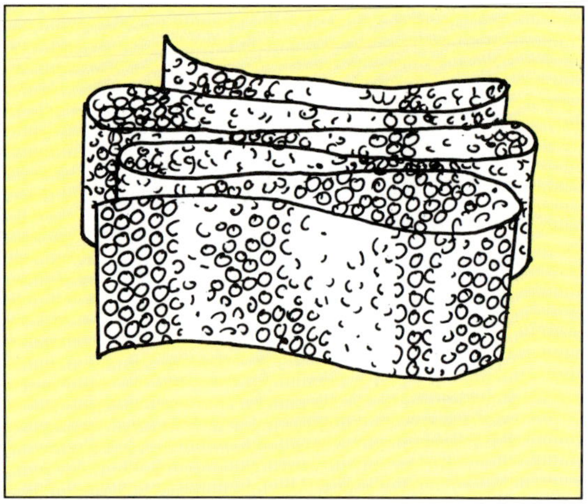

Eine Schleife aus fester Lochfolie beginnen Sie mit mehreren übereinander gefalteten Lagen.

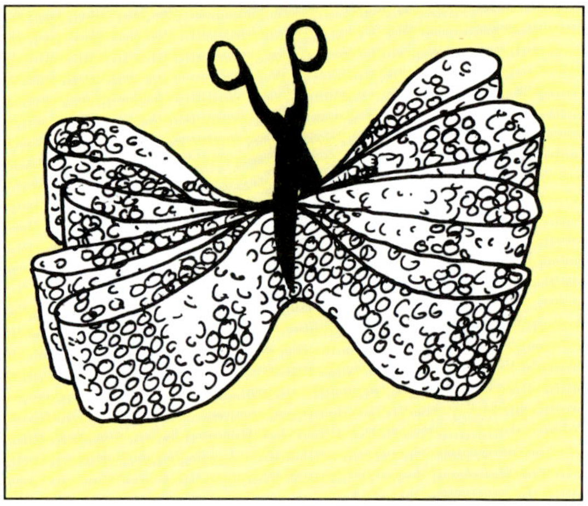

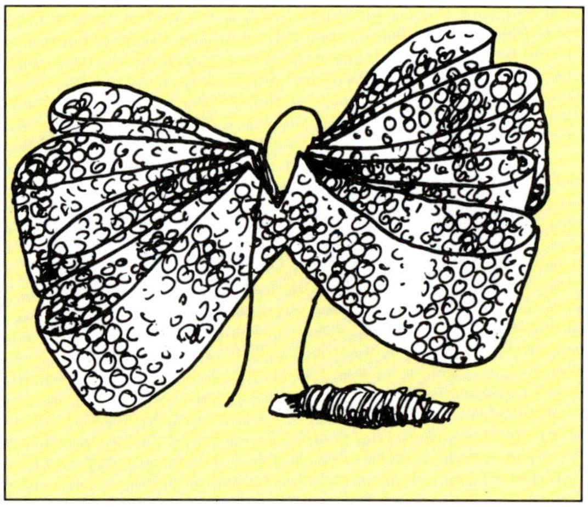

Schneiden Sie das Bündel an der oberen Kante ein wenig ein, und umwickeln Sie die Mitte fest mit Blumendraht, so daß sich die seitlichen Schlaufen auseinanderfächern.

Lassen Sie vom Blumendraht nur übrig, was Sie zur Befestigung am Geschenk brauchen.

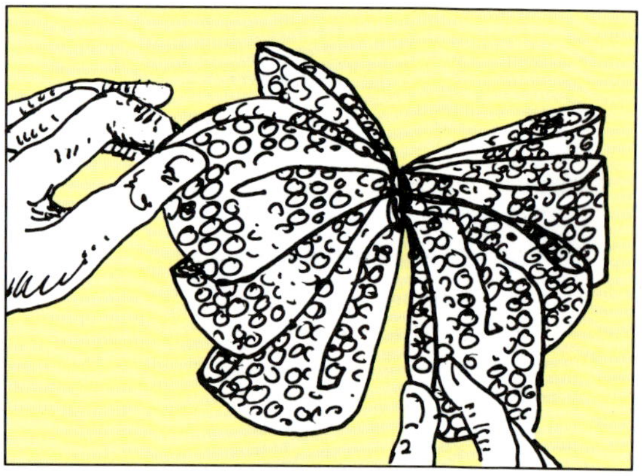

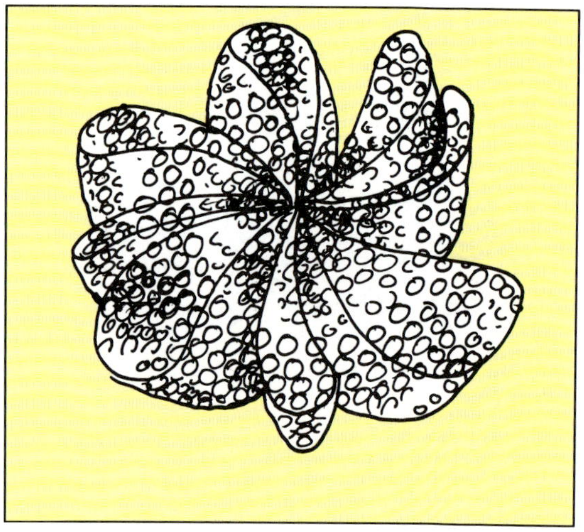

Zum Schluß ziehen Sie die Schleife mit den Fingern zu einer vollen, runden Form ähnlich einer Spirale.

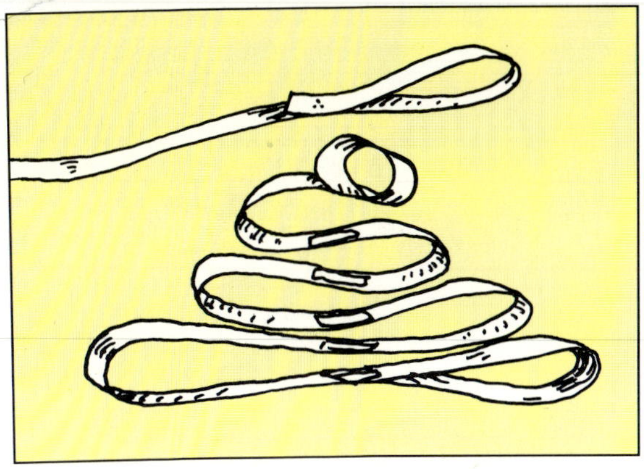

Für eine kleine Dekorschleife kleben Sie am Ende eines Polybands zuerst eine etwas größere Schlaufe. Legen Sie das Band dann in immer kleineren Schlaufen darüber.

Wenn Sie die Schlaufen übereinander geklebt haben, müssen Sie sie nur noch der Zeichnung entsprechend aufschneiden.

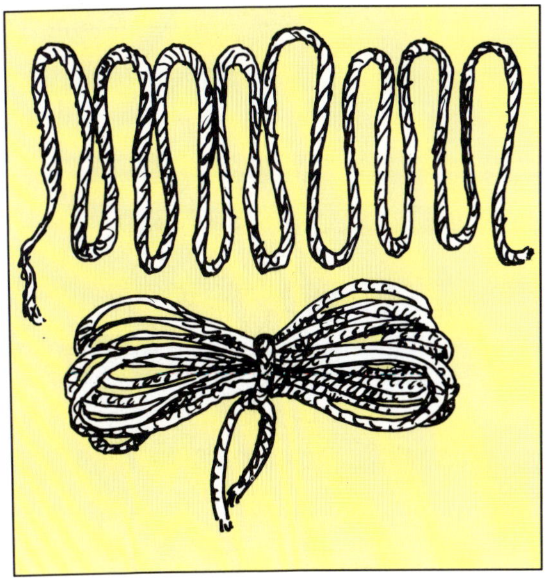

Eine einfache Schleife aus Papierschnur bekommen Sie, indem Sie zuerst die Schnur in Schlaufen legen und zu einem gleichförmigen Knäuel zusammenbinden.

Ziehen Sie dann die Enden der Schlaufen so auseinander, daß eine Kreisform entsteht.

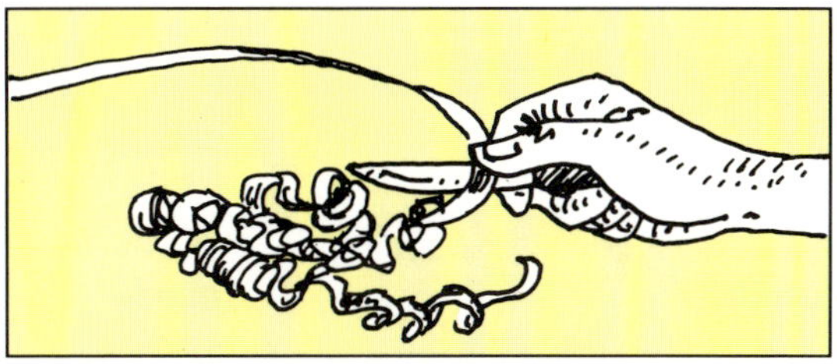

Für ganz voluminöse Schleifen kräuseln Sie ein paar Meter Dekoband mit Messer oder Schere.

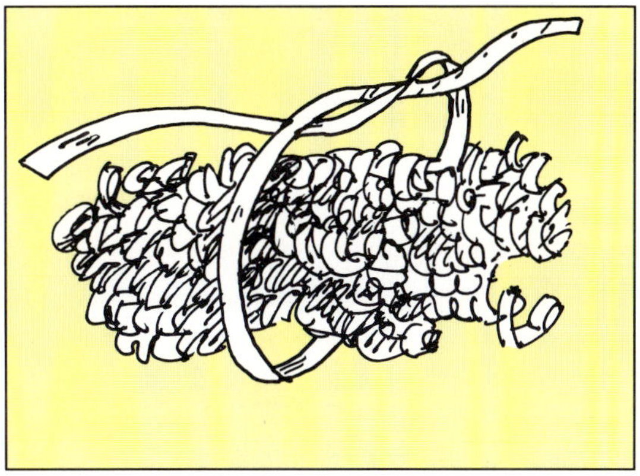

Formen Sie dann aus dem gekräuselten Band ein dichtes Knäuel, das Sie mit einem Knoten aus dem gleichen Band zusammenfassen.

Die Bildfolge dieser Seite zeigt die Anfertigung verschiedener kleinerer Schleifen.

Für eine sehr hübsche Schleife drehen Sie zuerst mit Blumendraht aus einem Stück Dekoband eine kleine Schlaufe.

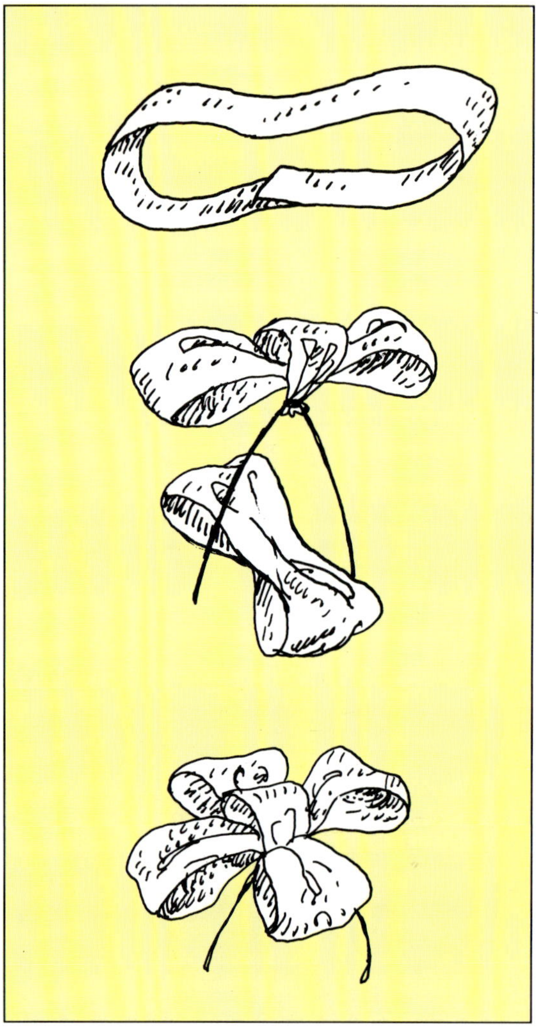

Schieben Sie dann eine größere Schlaufe durch die kleine, und fixieren Sie auch sie mit dem Blumendraht. Legen Sie dann eine weitere Schlaufe unter das Gebinde, die Sie ebenfalls mit dem Blumendraht fixieren.

Schneiden Sie nun zwei Streifen Dekoband an den Enden spitz ein.

Fixieren Sie auch sie unter der Schleife.

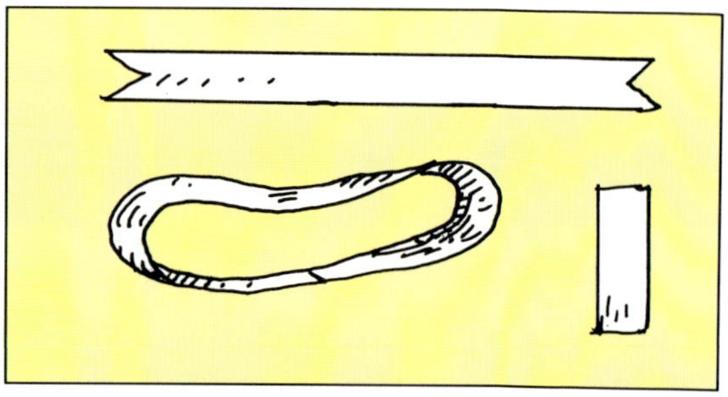

Eine einfache Variante stellen Sie aus einem Streifen Geschenkband, einer großen Schlaufe und einem kleinen Stück Band, das Sie quasi als Knoten um die Schleife legen, her.

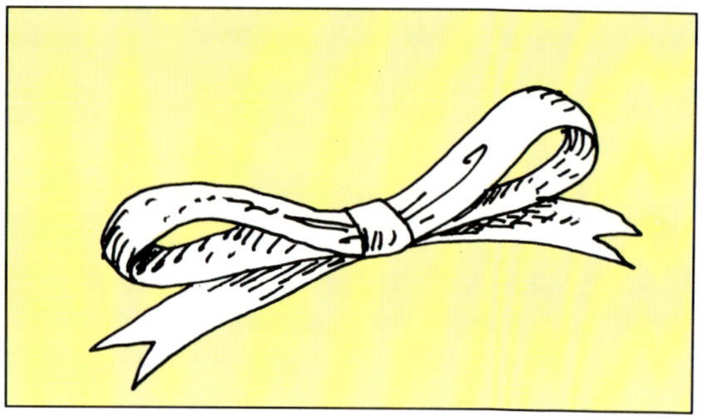

Die Bildfolge dieser Seite zeigt, wie eine kleine, aber sehr hübsche Schleife angefertigt wird.

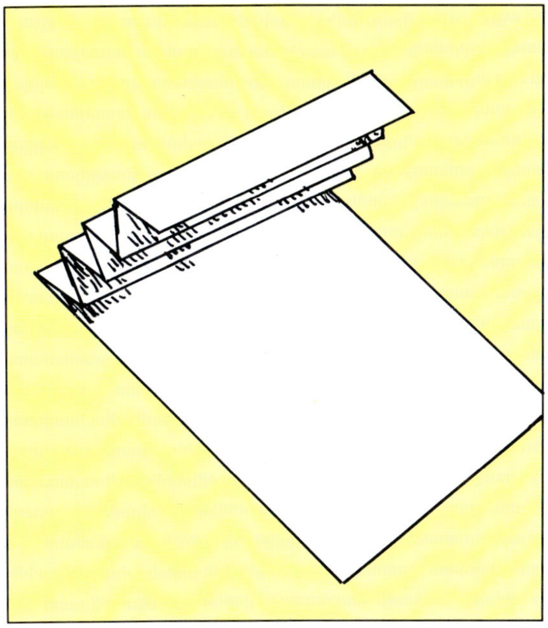

Für die verschiedenen Fächerformen falten Sie zuerst einen Bogen Geschenkpapier sehr sorgfältig und exakt in Ziehharmonikaform.

Wenn Sie einen kreisförmigen, gleichmäßigen Fächer möchten, so nähen Sie die Segmente, wie auf der Zeichnung zu erkennen, an einem Ende fest zusammen.

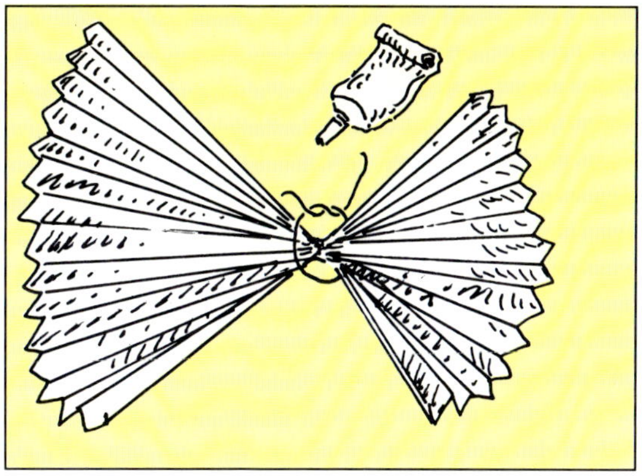

Für eine asymmetrische Gestaltung binden Sie den Fächer seitlich der Mitte ab und fixieren diese Knickstelle mit Klebstoff.

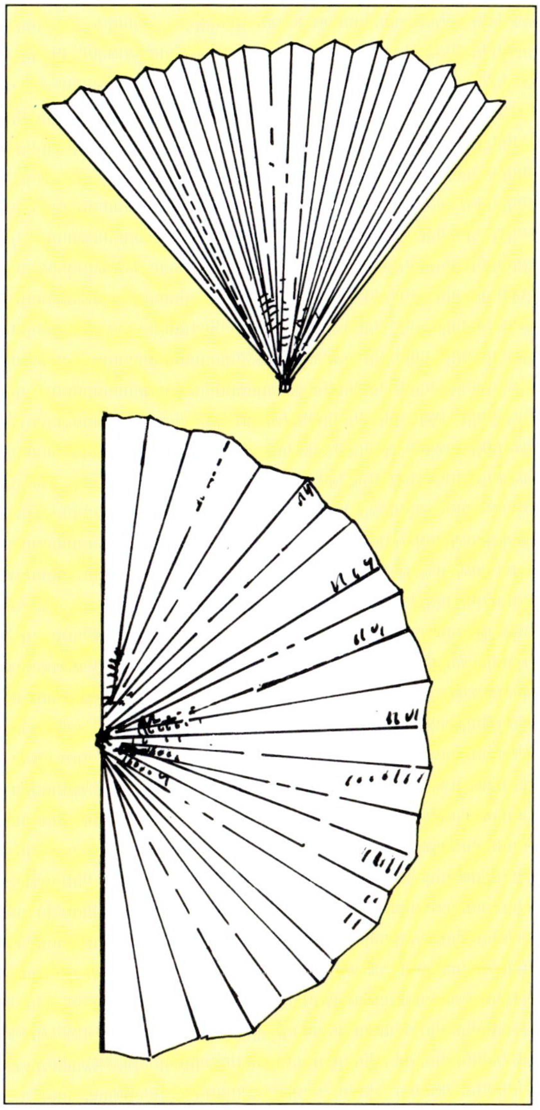

Die Bildfolge dieser Seite zeigt, wie Fächer hergestellt werden.

Die Bildfolge dieser Seite zeigt, wie eine Papierrose gefaltet wird.

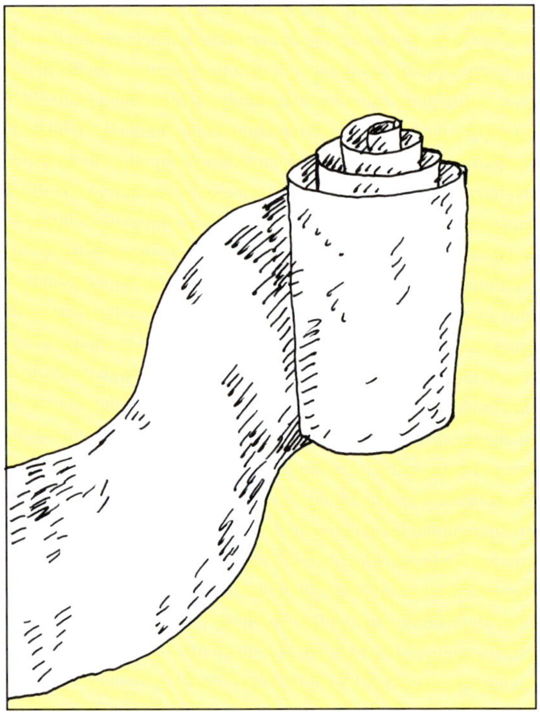

Für die Papierrose brauchen Sie ein langes, etwas elastisches Papierband, das Sie für den „Kern“ der Blüte zuerst etwa drei- bis fünfmal locker zusammenrollen.

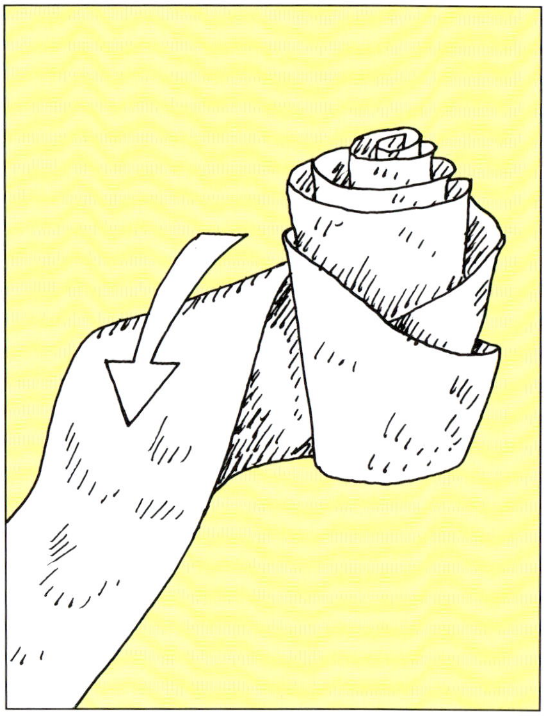

Wiederholen Sie das Ganze, bis Sie eine Form erhalten, die Ihrer Vorstellung entspricht. Achten Sie darauf, daß die Falze nach oben und unten nie zu weit auseinander liegen.

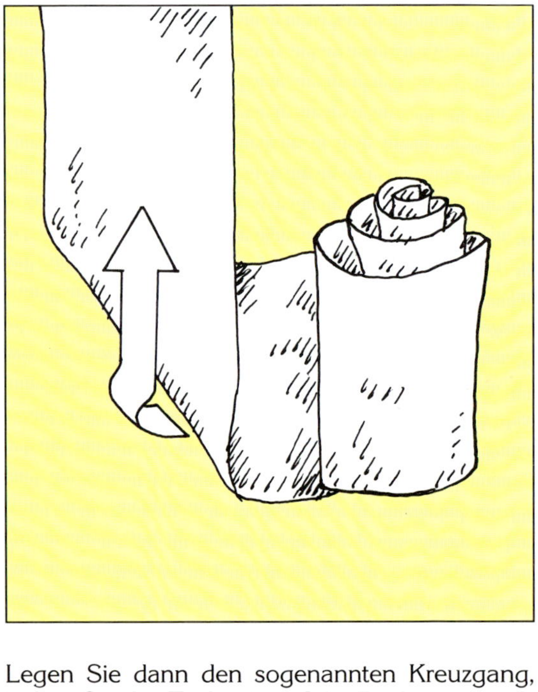

Legen Sie dann den sogenannten Kreuzgang, indem Sie das Ende wie auf der Zeichnung nach oben abknicken, den Streifen etwas weiter drehen, und ihn wieder nach unten knicken.

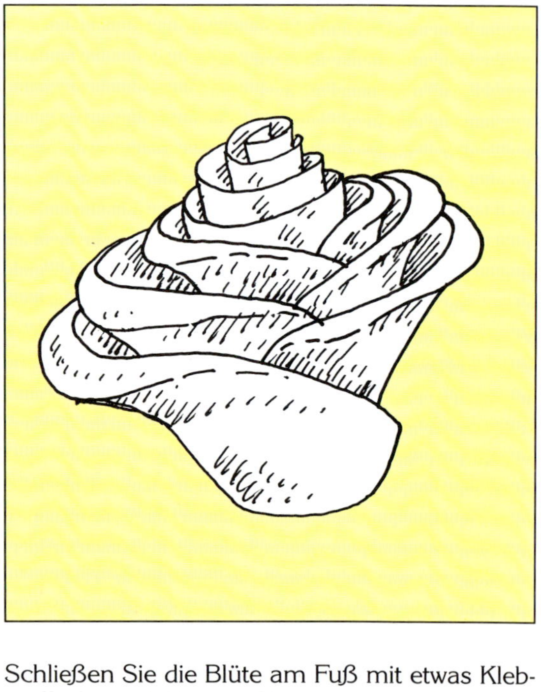

Schließen Sie die Blüte am Fuß mit etwas Klebstoff ab, und biegen Sie die Blütenblätter am Rand nach außen. Die Rose ist nicht leicht herzustellen, Sie sollten sie darum üben.

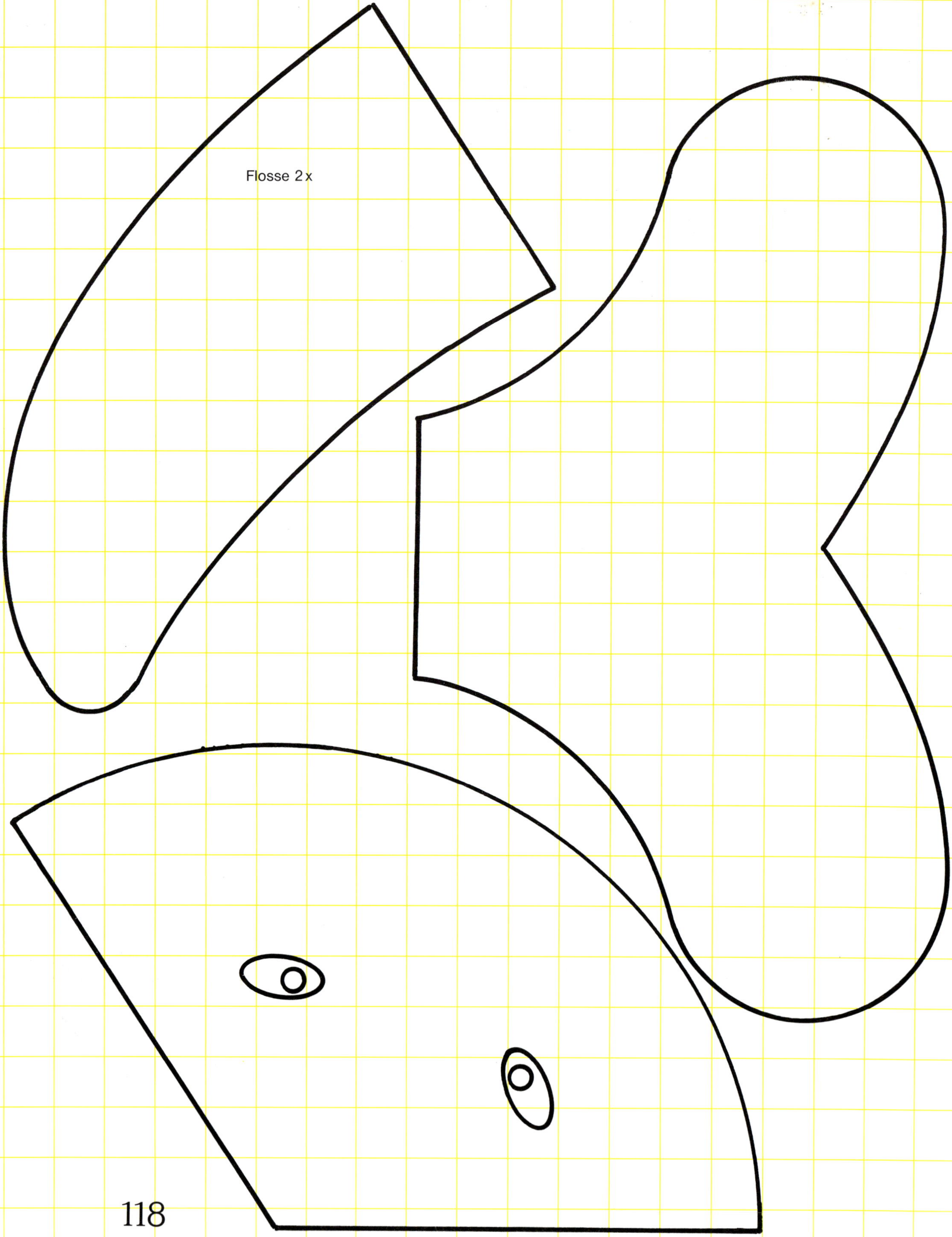
Flosse 2 x